蓝色海洋

海边渔民婚俗

刘 可 编写

吉林出版集团股份有限公司

图书在版编目（CIP）数据

海边渔民婚俗 / 刘可编写. -- 长春：吉林出版集
团股份有限公司，2013.9
（蓝色海洋）
ISBN 978-7-5534-3324-0

Ⅰ．①海… Ⅱ．①刘… Ⅲ．①渔民－风俗习惯－中国
－青年读物②渔民－风俗习惯－中国－少年读物 Ⅳ．
①K892.29

中国版本图书馆CIP数据核字(2013)第227230号

海边渔民婚俗
HAIBIAN YUMIN HUNSU

编　写	刘　可	
策　划	刘　野	
责任编辑	祖　航　赵　萍	
封面设计	艺　石	
开　本	710mm×1000mm　　1/16	
字　数	75千	
印　张	9.5	
定　价	32.00元	
版　次	2014年3月第1版	
印　次	2018年5月第4次印刷	
印　刷	黄冈市新华印刷股份有限公司	

出　版	吉林出版集团股份有限公司
发　行	吉林出版集团股份有限公司
地　址	长春市人民大街4646号
	邮编：130021
电　话	总编办：0431-88029858
	发行科：0431-88029836
邮　箱	SXWH00110@163.com
书　号	ISBN 978-7-5534-3324-0

前　言

　　远观地球，海洋像一团团浓重的深蓝均匀地镶涂在地球上，成为地球上最显眼的色彩，也是地球上最美的风景。近观大海，它携一层层白浪花从远方涌来，又延伸至我们望不见的地方。正因此，海洋承载了人类太多的幻想，这些幻想也不断地激发着人类对海洋的认知和探索。

　　无数的人向着海洋奔来，不忍只带着美好的记忆离去。从海洋吹来的柔软清风，浪花拍打礁石的声响，盘旋飞翔的海鸟，使人们的脚步停驻在这片开阔的地方。他们在海边定居，尽情享受大自然的馈赠。如今，在延绵的海岸线上，矗立着数不清的大小城市，这些城市如镶嵌在海岸的明珠，装点着蓝色海洋的周边。生活在海边的人们，更在世世代代的繁衍中，有了对海洋的敬畏和崇拜。

　　久居海边的先民们终生与大海为伴，对海洋的不可知、不可测、不可驾驭，使海洋民俗生活有了神秘色彩。在长期与自然、与海洋的搏斗中，他们总结传承了大量涉海生活的规约习俗。这些具有地域特色的"规矩"极好地体现了民俗的魅力和约束力，大家都在潜移默化中自觉地认可和遵守。这种海洋民俗伴随着沿海居民的子孙后代永久地传承演变。

　　在探讨海洋民俗文化传承的时候，随着人们物质生活质量的提高，精神需求的增强，具有地方特色的海洋民俗文化，如庙会、渔灯节和沿海一些传统婚嫁习俗，日渐被民俗学家和旅游爱好者们所关注。各地旅游部门都在努力挖掘乡土渔家文化，开发具有乡土气息的旅游产品，客观上推动了当地的海洋民俗遗风保存并传承下去。

我们这本书主要探讨了我国沿海地区一些传统的婚嫁习俗，这些由来已久的习俗，已经深深地根植在沿海地区居民的日常生活中。随着岁月的变迁，时代的更替，这些老祖宗留下的民俗文化正在被大家慢慢遗忘。在当代的婚嫁过程中，我们只能依稀看到一些历史的印记，很多繁复的礼仪逐渐被快节奏的程序所替代。希望读者朋友们能从本书中追寻一下那些传统婚嫁习俗，让沿海民俗的历史焕发出历久弥新的光彩。

目录

沿海婚嫁传说

婚嫁传统溯源

沿海婚嫁趣闻

沿海婚嫁仪式

沿海婚嫁习俗

沿海婚俗特色

沿海婚嫁传说

神媒与女娲

女娲是被中国民间广泛而长久崇拜的一位女性神，她被看成是创世神和始祖神。传说女娲能化生万物，她最伟大的业绩一是炼石补天，二是抟土造人。女娲在造人之前，于正月初一造出鸡，初二造出狗，初三造羊，初四造猪，初五造牛，初六造马。到了初七，开始以黄土和水造人。为了使人类能不断延续，她叫男人与女人婚配以生儿育女，于是女娲就成了第一个媒人，被后世尊奉为媒神，又称高媒。

在太古时，男女之间不但交际公开，自由恋爱，而且可随意匹配。女娲看到这种情形，就和伏羲商量，想定一个方法来改正它。

据《上古神话演义》介绍，女娲制定的婚嫁制度主要包括四项内容：一是规定男娶女嫁；二是正姓氏；三是通媒妁；四是行聘礼。男娶女嫁就是女嫁到男家，男子有女子为之操持生活，才会安适，故称之为有室；女子嫁与男子才有了归属，人身安全才得以保障，故称之为有家。正姓氏就是同姓不得婚配，即所谓"男妇同姓，其生不蕃"。姓是同一男性祖先传下来的一群子孙共同的徽记，氏是姓之下的分支，是一种社会的分级组织形式，有利于高效管理社会，避免同姓婚配有利于优生优育。通媒妁就是婚配的男女必须通过媒妁之言来约定，这是郑重嫁娶的意思，不得自由结合，实质是把个人的婚配行为置于社会监督

之下，个人行为要服从集体，尤其是
有利于家庭的稳定，有利于化解夫妻
矛盾引发的两家互为婚姻的家族的不
合。至今在很多情况下，媒人（非职
业媒人）还往往参与其说合的一对夫
妻间的家庭内部纠纷的化解工作。行
聘礼就是在婚前男方要送一定财物给
女方，称为聘礼。许多人认为这是买
卖婚姻，这仅仅是后人不明远古事实
真相以今论古的推测之言。在远古时
期，男方所送的皮张猎物之类聘礼一

▲女娲补天像

般都是准新郎劳动所得，其最大的意义在于向女方亲属表明准新郎具备了
养家糊口的能力，从而放心地把女儿嫁给他。另一方面，也使男子亲身体
验到婚姻家庭的来之不易，从而珍惜幸福生活，勇敢地承担起一个男人应
有的责任。至今社会上，如果某位青年男子送一件亲手制作的爱情信物，
仍然最能得到女孩子的芳心。

　　女娲和伏羲二人商议定后，就下令布告百姓，以后男女婚姻必须按照
所定的办法去做，并且由女娲专管这件事。女娲又让一个名叫塞修的臣子
办理这媒妁通词的事情。自此以后，风俗一变，男女的配合不再杂乱无章
了。于是，百姓给女娲取一个别号叫作"神媒"。

　　后来，人们为了祭祀这位婚姻之神，修了女娲娘娘庙和高媒庙，用太
牢（猪、牛、羊三牲齐备）这一最高礼节来祭祀她。女娲之神的出现反映
了母系氏族社会中婚姻以妇女为中心，女族长掌握着全族的婚姻大事。

恋爱之神——泗州佛

泗州佛是流传于广东、福建、台湾一带的"恋爱之神"，也叫"泗州大圣"。在封建礼教的压迫下，不少有情人难成眷属，于是他们向泗州佛祈祷，以寻求帮助。

民间关于泗州佛的崇拜来源于泉州地方的一则传说。

从前，泉州洛阳江江面宽阔，水流湍急，时常将过往小船吞没。宋朝时，蔡襄任泉州太守，决定在江上建桥，方便来往行人。但因河水太过湍急，无法垒成桥基。无奈之下，蔡襄只得设坛，祈求天上神灵前

▲北宋泗州大圣头像

4

来相助。蔡襄为民救急解困的精神感动了南海观世音菩萨，菩萨决定助他一臂之力。

这一天，只见洛阳江上划来一叶轻舟，船头上坐着一位美丽的妙龄女子，划船的老翁对岸上的人说："谁能用钱掷中我的女儿，就把她许配给谁。"岸上行人听了老翁的话，便争先恐后地掏出钱币向姑娘掷去。但钱币雨点般扔来，却连姑娘的衣角都碰不上。渐渐地，钱越积越多，桥墩也随着钱币的增多而不断增高。就在这时候，半路里杀出个"程咬金"，来了位泗州商人，他抛出一把银子，其中一枚刚好落在姑娘的发间。老翁只好将船靠岸，与泗州商人一同进凉亭商议婚事。谁知泗州商人一坐下便起不来了。原来，姑娘是观音菩萨的化身，而泗州商人是泗州佛的化身，观音菩萨帮助蔡襄的计划被泗州佛搅和了，便罚他待在凉亭里不准出来。

此后，人们便建了许多凉亭，供奉这位为爱情所驱的泗州佛。泉州的洛阳桥和安平桥中都有泗州亭，供奉泗州佛。《八闽通志》记载的泗州院、泗州堂、泗州庵等就有23座。此外，台湾地区盛产榕树，树荫的凉亭内常常设有小神龛，也供奉着泗州佛。传说恋爱中的男女如果有谁移情别恋，只要在泗州佛的脑后挖点泥洒在对方身上，对方立刻就会回心转意。因此，泗州佛往往是失恋者祭拜的神明。尽管这只是一个传说，但岛上的青年男女却一直把泗州佛奉为爱神，崇拜有加，笃信不已。

千里姻缘一线牵

月下老人是我国神话传说中专管婚姻的神，又称"月老"。传说，谁与谁能成为夫妻，都是月下老人事先用红绳系足选定的。关于月下老人的故事最早流传于唐代。

传说唐朝时，有一位名叫韦固的人到宋城去旅行，住宿在南店里。一天晚上，韦固在街上闲逛，看到月光之下有一位老人席地而坐，正在那里翻一本又大又厚的书，而他身边则放着一个装满了红色绳子的大布袋。韦固很好奇地过去问他，说："老伯伯，请问您在看什么书呀？"那老人回答说："这是一本记载天下男女婚姻的书。"韦固听了以后更加好奇，就再问："那您袋子里的红绳子又是做什么用的呢？"老人微笑着对韦固说："这些红绳是用来系夫妻的脚的，不管男女双方是仇人还是距离很远，我只要用这些红绳系在他们的脚上，他们就一定会和好，并且结成夫妻。"韦固听了，自然不会相信，以为老人是和他说着玩的，但是他对这位古怪的老人仍旧充满了好奇。当他想要再问老人一些问题的时候，老人已经站起来，带着他的书和袋子向米市走去。韦固也就跟着他走。到了米市，他们看见一个盲妇抱着一个三岁左右的小女孩迎面走过来，老人便对韦固说："这盲妇手里抱的小女孩便是你将来的妻子。"韦固听了很生气，以为老人故意开他玩笑，便叫家奴去把那小女孩杀掉，看她将来还会不会成为自己的妻子。家奴跑上前去，刺了女孩一刀后，就立刻跑了。当韦固再要去找那老人算账时，却已经不见他的踪影了。

光阴似箭，转眼十四年过去了，这时韦固已找到满意的对象，即将结婚。对方是相州刺史王泰的掌上明珠，人长得很漂亮，只是眉间有一道疤痕。韦固觉得非常奇怪，于是便问他的岳父："为什么她的眉间有疤痕呢？"

相州刺史听了以后便说："说来令人气愤，十四年前在宋城，有一天佣人陈氏抱着她从米市走过，有一个狂徒，竟然无缘无故地刺了她一刀，幸好没有生命危险，只留下这道伤疤，真是不幸中的大幸呢！"

韦固听了，愣了一下，十四年前的那段往事迅速地浮现在他的脑海里。他想：难道她就是自己命家奴刺杀的小女孩？于是便很紧张地追问说："那佣人是不是一个失明的盲妇？"王泰看到女婿的脸色有异，且问得蹊跷，便反问他说："不错，是个盲妇，可是，你怎么会知道呢？"

韦固证实这个事的时候，真是惊讶极了，一时间答不出话来，过了好一会儿才平静下来，然后把十四年前在宋城遇到月下老人的事全盘说出。王泰听了，也感到惊讶不已。韦固这才明白月下老人的话并非开玩笑，他们的姻缘真的是由神做主的。从此，夫妇俩更加珍惜这段婚姻，过着恩爱的生活。

不久这件事传到宋城，当地的人为了纪念月下老人，便把南店改为"订婚店"。由于这个故事的流传，大家相信：男女结合是由月下老人系红绳加以撮合的。所以，后人就把媒人叫作"月下老人"，简称为"月老"。月下老人的神祠、塑像也在各地兴建起来。

▲月老雕塑

7

海神妈祖的传说

海神妈祖，又称妈祖、天妃。最初，妈祖被认为是护祐航海者安全的神，后又兼管民间男女爱情及婚姻生育。因此，也把她奉为婚姻之神。目前，在我国广东、浙江、福建等沿海地区，妈祖庙的香火依然十分兴盛。

海神妈祖原名林默，生于北宋建隆元年(960年)农历三月二十三日，是福建莆田湄洲湾林源最小的女儿，因她"生至弥月，不闻啼声"，父母乃命名为"默"。林默自幼好学，聪颖过人，8岁从师读经，过目成诵，闻一知十。她的水性极好，熟悉海上气象，风浪天独驾小舟为渔家救死排险。

林默自幼就有一个怪习惯，只要海上风浪大作，她精神即刻有反应。一日，她父亲林源和哥哥出海打鱼，突然遭风浪遇难，小船顷刻被摔成碎片。林默在昏睡中，突然咬牙握拳，大汗淋漓。母亲以为她中邪入魔，便朝她右手一击。林默猛然惊醒，捶胸顿足地说，刚才正在海上营救父亲和哥哥，右手拉父，左手拉兄，母亲这么一击，父亲从手中落入大海。母亲以为她说的是梦话，第二日，见其哥哥独自回来，才信以为真。从此林默一病不起。宋太宗雍熙四年(987年)九月初九，林默在湄州岛猝然"升天"。据说，林默死后，感动了海上生灵。每年农历三月二十三日林

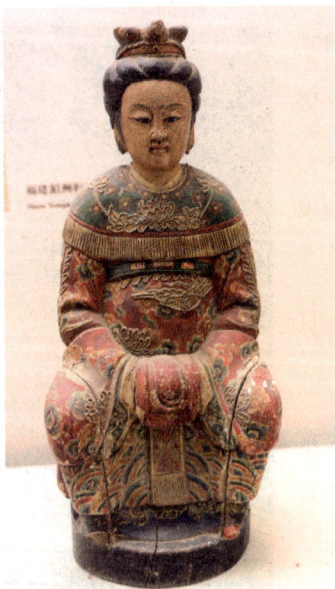
▲妈祖雕像

默生辰这一天，海上众多鱼虾集结湄州湾欢跳、朝拜。湄州湾的百姓在这一天谁也不去触及这些生灵，一直形成习俗。林默也被人们奉为妈祖。

民间流传着很多妈祖生前拯溺救难和"升天"后显灵护国庇民的神话故事。比如，她不仅敢于与兴风作浪的龙王抗衡，就连海神龙王、海若、河伯也逐步让位给妈祖。传说郑和下西洋、郑成功收复台湾，都得过她的庇护。她用神奇的力量保护官员出使、士卒征战、渔民闯海和海上贸易。对妈祖的共同信仰，使海峡两岸和海外的炎黄子孙找到了知己。妈祖是美好、祥和、正义的海神。随着民俗的发展，有关妈祖的传说更为丰富，她不仅是勇敢的海神，还具有保佑妇女生育的职能。在闽南的很多地方，她还是充满慈爱的姐姐、母亲。

保佑生育的职能是明清以来妈祖被赋予的新职能。历史上林默只活到28岁，终生未嫁，也没有养儿育女的经历。她又为何会被赋予保佑生育的职能呢？这还要从她的一位神仙姊妹说起。在福建长乐，有一座保留明代格局的庙宇，名叫显应宫。前殿有两位女神，一左一右，并排而立。右边是妈祖林默，左边这位名为陈靖姑，是闽南鼎鼎大名的生育保护神。妈祖保佑生育职能的得来，就与她有关。

陈靖姑是福州人，与妈祖同时代，据说她因为生育难产而痛苦地死去。死后成神，立志要保护天下所有的产妇都能顺利生产。宋代以来，她一直是闽南最有名的生育保护神。在明清以来民间故事里，妈祖与陈靖姑两人是亲密的姐妹，妈祖是姐姐，陈靖姑是妹妹。在许多庙宇，常常可以见到把她俩供奉在一起的情况。人们求陈靖姑保佑生育顺利，同时也邀请妈祖到场"助阵"。

还有一种说法认为，其实在民间传说中，妈祖原本也具有保佑生育的职

▲ 妈祖节

能。这神力来自观音菩萨，因为妈祖是观音菩萨的化身，她送子职能的得来也就顺理成章。在古代民间认识中，妈祖和陈靖姑各有分工，妈祖负责送子，护送天生的"好苗子"降落普通人家。陈靖姑保证在生产的关键时刻母子平安，两位女神联手，确保全程万无一失。古代医疗水平低下，生孩子是女人一生的危急时刻，人们赋予妈祖保佑生育职能，反映了当时的生活需求。

月神崇拜与『跳月』

月神，是中国民间流传最广的神仙之一。月神又叫月光娘娘、太阴星主、月姑、月光菩萨等。崇拜月神，在中国由来已久，在世界各国也是普遍现象，我国古代男女热恋时就有在月下盟誓定情，拜祷月神的习俗。君不见"私订终身后花园"的恋人，无不跪拜明月盟誓许愿。所谓"花前月下"，花是信物，月即媒人。

关于月神还有许多美丽动人的故事，"嫦娥奔月"就是其中著名的一个。相传，远古时候，有一年，天上出现了十个太阳，烤得大地冒烟，海水枯干，老百姓眼看无法再生活下去。这件事惊动了一个名叫后羿的英雄，他登上昆仑山顶，运足神力，拉开神弓，一气射下九个多余的太阳。从此，后羿受到百姓的尊敬和爱戴，不少志士慕名前来投师学艺。奸诈刁钻、心术不正的逄蒙也混了进来。不久，后羿娶了个美丽善良的妻子，名叫嫦娥。后羿除传艺狩猎外，终日和妻子在一起，人们都羡慕这对郎才女貌的恩爱夫妻。一天，后羿到昆仑山访友求道，巧遇由此经过的王母娘娘，便向王母娘娘求得一包不死药。据说，服下此药，能即刻升天成仙。然而，后羿舍不得撇下妻子，只好暂时把不死药交给嫦娥保管。嫦娥将药藏进梳妆台的百宝匣里，不料被逄蒙看到了。三天后，后羿率众徒外出狩猎，心怀鬼胎的逄蒙假装生病，留

11

了下来。待后羿率众人走后不久，逢蒙手持宝剑闯入内宅后院，威逼嫦娥交出不死药。嫦娥知道自己不是逢蒙的对手，危急之时她当机立断，转身打开百宝匣，拿出不死药一口吞了下去。嫦娥吞下药，身子立时飘离地面，向天上飞去。由于嫦娥牵挂着丈夫，便飞落到离人间最近的月亮上成了仙。傍晚，后羿回到家，侍女们哭诉了白天发生的事。后羿既惊又怒，抽剑去杀恶徒，逢蒙却已逃走了。后羿气得捶胸顿足哇哇大叫。悲痛欲绝的后羿，仰望着夜空呼唤爱妻的名字。这时他惊奇地发现，今天的月亮格外皎洁明亮，而且有个晃动的身影酷似嫦娥。后羿急忙派人到嫦娥喜爱的后花园里，摆上香案，放上她平时最爱吃的蜜食鲜果，遥祭在月宫里眷恋着自己的嫦娥。

百姓们闻知嫦娥奔月成仙的消息后，纷纷在月下摆设香案，向善良的

▲后羿雕塑

嫦娥祈求吉祥平安。从此，中秋节拜月的风俗在民间
传开了。千百年来的诗人们也留下许多以此为题材的
作品，借中秋明月抒发思乡之情或寄托对爱情美满、
幸福的追求与向往。如宋朝诗人苏轼写下词句："但
愿人长久，千里共婵娟。"此后，月神更为民间所供
奉，尤其是恋爱中的男女。

月神之于爱情的关系，在我国许多少数民族习俗中有所体现。如苗族就有"跳月"的习俗。每到中秋之夜，明亮亮的月光照遍了苗家山寨，苗族男男女女全家团聚后，都要到山林空地上载歌载舞，举行"跳月"活动。根据苗族的古老传说，月亮是个忠诚憨厚、勤劳勇敢的青年。有个年轻美丽的水清姑娘，她拒绝了来自九十九州九十九个向她求婚的小伙子，深深爱上了月亮。最后，她还经历了太阳制造的种种磨难，终于和月亮幸福地在一起。苗族父老为了纪念他们，世世代代都要在中秋之

▼月神像

夜，沐浴着月亮的光辉，跳起苗家歌舞，并把这一风俗称为"跳月"。青年男女在"跳月"中，相互寻找心上人，倾吐爱慕之情，表示要像水清和月亮一样，心地纯洁明亮，永结白头之好。跳月是苗人的乐事，可以说是民俗学上所谓"春嬉"的一种，实际上是青年男女择配盛会。随着时间的流逝，跳月的时间也由最初的中秋月明之夜发展至后来以春季为多，但也有在其他的春秋佳日举行的。

在中国古老的神话传说中，存在着这样一位爱与美的女神，她极具诗意，清晨变作彩云，傍晚化为细雨，她就是巫山神女。传说，巫山神女为炎帝之女，本名瑶姬，未嫁而死，葬于巫山之阳。她活着的时候没有与别人发生过爱情，但死后的精魂却对爱情十分向往。她的精魂移居到姑瑶之山，她的身形就变成了一棵瑶草。重

爱神瑶姬与巫山神女

▲巫山神女溪

15

重叠叠的叶子非常茂密，黄色的花朵结出的果实非常美丽。如果有人吃了瑶草，就会得到别人的爱慕，且能与之梦中相会。瑶姬生前，深得父亲炎帝的宠爱，她死后更让炎帝哀怜，于是炎帝就把她封为巫山的云雨之神。瑶姬当了巫山女神之后，每天清晨就化作一朵朵美丽的朝霞，似乎带着千古的寂寞和伤感，在蓝天上不停地游走；一到黄昏，就仿佛见到了心上人一样，洒下的香泪便化作潇潇暮雨。

巫山神女之所以能被人们视为爱与美的女神而广为流传，主要源于战国时期楚国的两位辞赋大家——屈原和宋玉。屈原在《九歌·山鬼》里最先刻画了巫山神女的窈窕和她的愁思，一个美丽、率真的少女在痴心地等待着她的恋人，可是她的恋人没有如约而来。她从痴情期盼到伤心哀怨的心情被屈原刻画得惟妙惟肖。屈原把神女写进了一个美丽的爱情故事，使她更加让人觉得亲切，令人神往。而真正让巫山神女传诵千古的则是宋玉和他的《高唐赋》和《神女赋》。相传，战国末年，楚怀王巡游到巫山，住在一个叫"高唐"的台馆。楚怀王午睡时做了一个梦，梦中与瑶姬欢好相爱。梦醒后怀着对梦的无限怅惘和对瑶姬的相思，楚怀王在巫山建了一座"朝云庙"，亦称"神女庙"，以寄托他对瑶姬的思念。宋玉在《高唐赋序》中便写下了这样的序文："旦为朝云，暮为行雨，朝朝暮暮，阳台之下。"这是指巫山神女与楚怀王在梦中幽会后离去时对怀王说的话，意思是：清晨，我是流动的云朵；黄昏，我是飘飞的细雨。早早晚晚，我都在阳台的下边等你。后来，传说楚怀王的儿子楚襄王也来到这里，并在当天夜里做了一个和父亲当年做过的同一个梦，于是又留下了许多神女与楚襄王爱慕的故事。此后，"巫山神女"便常用来比喻美女，"巫山云雨"也代表男女欢好，千古传诵。

在巫山县城，神女庙在城东，城西便是高唐观。县境内还有授书台、斩龙台、楚阳台胜迹。其中高唐观和楚阳台就是楚怀王与楚襄王梦见神女所留下的古迹。

关于巫山神女的传说还有另一种。在夏禹治水的年代，瑶池宫里住着西王母的第二十三个女儿，名叫瑶姬。她聪慧美丽，心地善良，活泼开朗，耐不住宫中的寂寞生活。八月十五这一天，她邀了身边的十一个姐妹，腾云驾雾，遨游四方。当她们来到巫山时，只见十二条恶龙兴风作浪，正在治水的大禹也被洪水围困其间。瑶姬敬佩大禹三过家门而不入的治水精神，决定助他治水，便送给大禹一本《上清宝经》的治水天书。瑶姬还没有来得及告诉大禹如何破译这部天书，就被西王母派来的天兵捉拿回宫。十二仙女早就厌倦仙宫生活，她们挣脱神链，重返人间，帮助大禹疏通了峡道，解除了水患。

巫山神女的传说后流传至沿海地区，深入人心。

金玉良缘的来源

人们常把郎才女貌、夫妻般配、幸福美满的婚姻称之为金玉良缘，那么这个典故是怎样来的呢？

相传，从前有一个富商的公子叫金玉，貌若潘安，才比子建，德似云长，因此，一些官宦之家、商贾名流都想把自己的千金许配给金玉为妻。可金玉一心只想找个才貌双全、志同道合的女子为伴。为此，他在集上贴出了一个告示，意思是："谁能给我像海水一样多的粮食，像大山一样重的金子，能遮住天际的绫罗绸缎，我就娶谁为妻。"

告示贴出，一时间人们议论纷纷，褒贬不一。这消息却惊动了城南一个叫良颜的女子。良颜出身低贱、家境贫寒，长得却如出水芙蓉一般，而且知书达理。她早就听说过金玉的大名，只是无缘相识。如今机会来了，于是她在家人的陪同下找到金玉，说："你用这个斗把海水量一下有多少，我就给你多少粮食。"金玉无话可说。良颜又说："你用这秤称一下高山的重量，绫罗我已经准备好了。"只见她用两个棍子架一面镜子，把一块丝绸往上一搭说："这是天东边，那是天西边，绫罗已经遮住了天。"

金玉见良颜才貌出众、气质高雅，而且巧妙地解决了三个问题，就十分高兴地答应了这门婚事。为了纪念这段姻缘，他们拜天地时，特意把铜镜、秤和绫罗绸缎等婚证吉祥物摆放在桌子上。因为"颜"与"缘"谐音，时间一长，"金玉良颜"也就被人们流传成了"金玉良缘"。

牛郎织女鹊桥相会

牛郎织女的故事千余年来在中国民间流传不息，家喻户晓。它与孟姜女传说、白蛇传说、梁祝传说被称为中国著名的四大传说。牛郎织女相会的农历七月七日之夜被称为"七夕"，我国民间各地在这一日还有"乞巧"的习俗，故七夕节也有"乞巧节"的别称。

相传，织女是天帝的孙女，王母娘娘的外孙女。生活在天上的织女为解心中的寂寞，常常与其他仙女结伴到银河玩耍洗浴。而牛郎是凡间一个贫苦的孤儿，常受兄嫂的虐待和欺负。后来在嫂子的挑拨下，又强行分了家，只分给他一头又老又弱的牛，令其自立门户。凄苦的日子里，牛郎与老牛相依相伴。一天，劳作了一天的牛郎准备到河里去洗澡，却意外地发现了在此洗浴嬉戏的众仙女。牛郎遵照老牛的嘱咐，窃取了织女的天衣，使织女不能再返回天庭。美丽善良的织女和英俊勤劳的牛郎一见钟情，两人遂结为夫妻。过了几年，织女生下一儿一女，男耕女织，生活十分甜蜜幸福。不料天帝得知此事，立刻派天神到人间捉拿织女。王母娘娘担心天神疏虞，也和天神一起来到凡间，将织女捕走。望着被抓上天去的妻子，牛郎无可奈何，只是与儿女仰天号哭。这时，已近垂死的老牛嘱咐牛郎在它死后剖开牛皮披在身上，便可登天，老牛说完死去。牛郎按照老牛的话做，果然牛郎用扁担箩筐挑着儿子女儿飞上天去。牛郎一路追赶，眼看就要追上织女了，王母娘娘忽然拔下头上的金簪，凭空一划，顿时出现一条波涛滚滚的天河，将他们分隔两岸。牛郎与织女隔河相望，无法通过，只有悲泣。后来，天帝受到感动，准许他们一年一度于七月七日鹊桥相会。从此，只有在每年农历七月初七的夜晚，牛郎织女才可以在桥上相会。

由于农历的七月七日正当雨季，所以这一天常常下雨，人们便说这是牛郎织女的眼泪。民间流传着很多过七夕的习俗。比如在绍兴农村，七月七日这一夜会有许多少女一个人偷偷躲在生长得茂盛的南瓜棚下，在夜深人静之时如能听到牛郎织女相会时的悄悄话，这待嫁的少女日后便能得到千年不渝的爱情。人们为了表达希望牛郎织女能天天过上幸福美好的家庭生活的愿望，在浙江金华一带，七月七日家家都要杀一只鸡，意思是这夜牛郎织女难得相会，若无公鸡报晓，他们便能永不分开。在广西西部，

▲牛郎织女鹊桥会

传说七月七日清晨，仙女要下凡洗澡，喝其澡水可辟邪治病延寿，此水名"双七水"。人们在这天鸡鸣时，争先恐后地去河边取水，取回后用新瓮盛起来，待日后使用。

此外，牛郎织女的每年一次的相聚离不开喜鹊的牵线搭桥。所以很多人认为喜鹊是喜鸟正源于这个神话故事。民间传说，天地间第一对鹊儿是生在腊月，当时万物凋零，鹊儿只能栖息在腊梅树上。因为它上体的羽毛是黑色的，所以人们称它为"黑鸟"。而中国人习惯在腊月办喜事，黑鸟见屋外院内鼓乐齐鸣，热闹非凡，所以也在树上叽叽喳喳叫个不停。于是人们觉得再叫它黑鸟就不吉利了，便取腊梅的"腊"字半边配"鸟"字，成"鹊"。可见，早期的黑鸟离喜鹊的含义还是有一段距离的。还因黑鸟充当了牛郎与织女间幸福的使者，不顾自己的羽毛脱落，依然以身搭桥，令人们刮目相看，它又成为男婚女嫁、夫妻美满的象征。直到今天，人们还把撮合美好姻缘的行为称为"搭鹊桥"，喜鹊兆吉兆喜的寓意也一直流传民间。

望夫山与望夫云

在中国的历史上，流传着许多与自然景物相关的凄婉爱情故事，比如望夫山与望夫云的传说。望夫山在碧霞祠的东南、瞻鲁台的西侧。它的得名，有一个动人的故事。传说，很久以前的一个东岳庙会，有一对新婚夫妇来泰山进香，祈祷婚后能丰衣足食，来年生个大胖小子。两个人沉醉在新婚的欢乐之中，一路上有说有笑，不知不觉来到了对松山附近的盘道。

正当他们兴冲冲地攀登十八盘的时候，只见有伙人前簇后拥地用轿子抬着一个公子来到他们身边。那公子见新媳妇水灵秀气，长得十分标致，便生了贪婪之心，想据为己有。只见他使了个眼色，随从的差役便心领神会，上前来调戏她。新郎官见有人调戏自己的妻子，便奋不顾身地冲上前去保护自己的妻子。身单力薄的新郎

▲苍山望夫云

官哪里是那些彪悍差役们的对手？几个差役一起动手，一阵拳打脚踢，就连推带拥地把新郎官推到山沟里摔死了。那差役回头对新娘子嬉皮笑脸地说："我们公子看上你，是你的福分，今后定有你享不尽的荣华富贵。"说着就连拉带扯地把她一块带上了山顶。

那公子游山玩水，又得了个美人，心里像抹了蜜一样甜。他兴致勃勃地来到山顶，对差役说："这泰山是历代皇帝祭天祭地的地方，我与娘子在这里拜天地，结为夫妻是再好不过的了。"说着就要与那娘子成亲。

那娘子此时已是悲痛至极，欲哭无泪。只见她不卑不亢地说："要成亲也可以，只是刚才慌乱之中，我连句话都未来得及与夫君说，他就葬身山谷了，请让我再望他一眼，作最后一别。"那公子听她如此说，倒以为那娘子同意与他成亲，就答应了她。只见那娘子从容地整理了一下头上的乱发，不慌不忙地走上山头，凝视着她丈夫葬身的地方，趁身边的差役不注意，对着山谷大喊一声："夫君，等一等，我随你来了！"说着便纵身跳下悬崖，以身殉情。后人为纪念这个忠贞节烈的女子，便把她眺望丈夫的那个山头取名叫"望夫山"。

与此相类似的还有关于"望夫云"的传说。

在大理苍山，有十九峰、十八溪，其中有一峰叫玉局峰。每到冬天，玉局峰上便会出现一缕洁白的云彩，宛如一个美丽的女子伫立在玉局峰顶向洱海眺望，袅袅婷婷，那景色十分迷人。这朵云还有一个动人的名字，叫"望夫云"。

相传一千多年前，南诏王有个女儿，年方十九，聪明、美丽。在绕三灵盛会上，公主结识了玉局峰的年轻猎人，二人一见钟情，心心相印。不料，南诏王已将公主许配给了大将军，并择定日子要成亲。公主跟猎人逃到玉局峰，他们在岩洞里成了亲，过着幸福美满的生活。然而好景不长，南诏王找不到公主，便请来海东罗荃寺的法师。为人奸诈的罗荃法师用神灯照见公主和猎人住在玉局峰，就派乌鸦去通报公主，要她快快回宫，不然就用大雪封锁苍山，把她和猎人活活冻死。公主说生死都要和猎人在一起。于是，罗荃法师让天空下起了鹅毛大雪，整个苍山都被雪覆盖了。为了给公主御寒，猎人冒着暴风雪，飞到罗荃寺盗出冬暖夏凉的八宝袈裟。在猎人飞回洱海上空时，罗荃法师追上来，口念咒语，用蒲团把猎人打入海底，将他变成一只石骡子。

公主每天都站在山头张望，等着猎人回家，最后失望跳崖而死，化为白云。这朵云在玉局峰顶忽起忽落，好像在向洱海深处探望。据说每逢望夫云出现，洱海就会飓风大作，吹开海水，现出海里的石骡。

比翼鸟的传说

比翼鸟又名鹣鹣、蛮蛮，为中国古代传说中的鸟名。此鸟仅一目一翼，雌雄必须并翼才能飞行。因雌雄总在一起飞，形影不离，所以常用来比喻恩爱夫妻、情深的恋人，也比喻情深谊厚、形影不离的朋友，如白居易的诗："在天愿作比翼鸟，在地愿为连理枝。"

关于比翼鸟的由来，还有一个古老的传说。

在遥远的古代，黄河附近有个小村庄。有个小孩叫柳生，家境困苦的他，每天帮家里做完事之后最喜欢的便是在家后面的深树林里听各种鸟的叫声，渐渐地柳生也学会分辨各种不同类型的鸟叫声，慢慢地他也学着各种鸟儿的叫声。久而久之，模仿出来的声音连鸟儿都分辨不出是真是假，经常能招来许多的鸟儿和他同乐。年过一年，日复一日，柳生也长大了。这一年柳生十六岁，唯一和他相依为命的母亲也由于长年的劳累过度而病重无法下床，需要很多的钱来买药，可是家里清贫，又哪有钱来给母亲看病呢？

正着急的时候，柳生听说对面村的黄员外要买年轻家丁，只要把自己卖他十年便能得十两银子。柳生看着母亲日渐病重，便去应征。黄员外把他留了下来，但钱先付一半，另一半满了十年之期才能拿。柳生拿了钱，便吩咐同来的邻居先带回去给母亲治病，自己留下来。黄员外叫他负责花园的工作。

黄员外有一个女儿叫黄莺，长得年轻漂亮。她很喜欢养各种各样的小鸟儿，最喜欢听一只金丝雀的叫声了。柳生每次在花园里养花植草的时候都能听到各种鸟的叫声，便产生了好奇心，偷偷去探个究竟。他正好看到那百鸟群中，一个可爱的少女正痴痴地看着那美丽的金丝雀在唱歌。那金丝雀的优美歌声和黄莺的美丽打动了柳生的心，但他也明白自己的身份，不管怎么努力他们都是不可能在一起的。于是，他只把她当成一个梦，藏在自己的心底深处。转眼间，两年过去了，柳生只在他母亲死时回去了一趟，其他的时间便都在黄府里尽心地照顾着这些花草，听着那少女开心的笑声，便也心满意足了。

可惜，鸟儿总有它生命的期限，虽然那金丝雀得到黄莺的百般照顾，但最后还是死了。心爱的金丝雀死后，黄莺痛不欲生，整天以泪洗面。柳生看了非常心痛。他回想着那时候鸟儿的叫声，慢慢地想，慢慢地学，终于在他的努力之下学会了。于是，他来到黄莺的绣楼下，躲在花丛里，学着那只金丝雀的叫声叫了起来。小姐听到这熟悉的声音，便高兴了起来，静静地听着，以为那金丝雀也舍不得她又重生回来了。黄莺终于忍不住，叫上丫环，一起下楼找那鸟儿去了。柳生刚开始时，叫得入神也没注意有人靠近，但当他看到心底那日思夜想的人之后，想再跑掉，双脚却是不听使唤，一点也移动不了。黄莺看那叫声居然是从他的嘴里传出来的，也大为失望，但更是好奇，便叫柳生教她。柳生自然是千百个愿意，可是这叫声也不是那么容易学。黄莺学了一阵子之后，便不学了，就叫柳生叫给她听。柳生便将以前会的那千百种的鸟叫声合在一起唱起了鸟语，不一会儿便招来了许多鸟儿同乐，黄莺见了更是高兴了，两人便这般花前月下，日久生情。过了许久，黄员外终于知道了这件事，便让众家丁把柳生抓了起来，打了个半死，又叫人把柳生抬到附近的黄河扔了。

黄莺知道这件事，顿时血气攻心，喷出了一大摊的鲜血便晕倒了，一条命也去掉了七分，等叫那医生到来时便一命呜呼了。接着，众人看到一只美丽的单翅的小鸟从少女的心口跳了出来，那鸟儿并不会叫，只有右翅也不会飞，只是朝着黄河的方向跑去。一些人看了奇怪便跟过去。那鸟儿虽然不会飞，但速度却很快，不一会儿便跑到了黄河边。本来还有一口气的快要被扔下黄河的柳生，看到了这只小鸟便也把双眼合上，接着被众家丁甩了下去。这时候，被甩下黄河的柳生的心口跳出一只和那美丽小鸟一般但只有左翅的鸟儿。这只只有左翅的鸟儿和黄莺变成的只有右翅的鸟儿合在一起，飞向了天空。那鸟儿唱着属于它们自己的歌，飞向那属于它们的幸福。这小鸟的叫声美丽无比，众人都被它的啼叫声吸引了。后来众人便说，那会唱歌的鸟便是柳生的心变的，而那不会唱歌的鸟儿便是黄莺的心变的，人们便把这种鸟儿称作比翼鸟。从此，世上便有了比翼鸟。

龙凤呈祥的来源

中华五千年文化源远流长，留下了很多关于美好爱情与婚姻的传说与典故。我们常说的成语"乘龙快婿"和"龙凤呈祥"就是来源于一个美丽的道家修炼圆满的故事。

相传春秋时期，秦穆公的小女儿非常喜欢西戎国贡献的一块碧玉。穆公便给女儿起名为"弄玉"。弄玉公主长到十几岁，姿容无双，聪颖绝伦，但性情孤僻，尤其厌恶宫里烦琐的礼仪。她经常一个人待在深宫里，品笛吹笙。穆公见她这么喜欢笙，便命名匠把那块美玉雕成碧玉笙送给她。公主自从得了碧玉笙，练习吹笙的时间更长，技艺也更加精湛了。穆公欲为女儿召邻国王子为婿，将来可做国君夫人。但弄玉不从，自有主张，若不是懂音律、善吹笙的高手，宁可不嫁。穆公珍爱女儿，只得依从于她。

▲龙凤呈祥

一天夜里，公主在月光下赏月，倚着栏杆吹起笙来。这时似有一阵袅袅的仙乐，在和着公主的玉笙。公主仔细一听，是从东方远远传来的箫声。一连几夜，都是如此。公主趁闲谈的机会，把有人在远处为她伴奏的事情告诉了父亲。穆公便派大将孟明根据公主所说的方向去寻访吹箫的人。一直寻到华山，才听见樵夫们说："有个青年隐士，名叫萧史，在华山中峰明星崖隐居。这位青年人喜欢吹箫，箫声可以传出几百里。"孟明来到明星崖，找到了萧史，把他带回秦宫。萧史来到秦宫时，正好是中秋节。穆公见他举止潇洒，风度翩翩，心里十分高兴，马上请他吹箫。萧史取出玉箫，吹了起来。一曲还不曾吹完，殿上的金龙、彩凤都好像在翩翩起舞。大家不约而同地齐声赞道："真是仙乐！真是仙乐！"

萧史和弄玉结成夫妻。从此，萧史就教弄玉吹箫，学习凤凰的鸣声。学了十几年，弄玉吹出的箫声就和真的凤凰的叫声一样，甚至把天上的凤凰也引了下来，停在他们的屋子上。秦穆公专门为他们建造了一座凤凰台。萧史、弄玉就住在那里，不饮不食，不下数年。

一天晚上，奏完笙箫之后，萧史对公主说："我很怀念华山幽静的生活。"公主也说："这宫廷生涯，我压根儿就厌烦，我愿意与你去同享山野的清静。"从此，二人便隐居在华山的中峰之上。有一天，弄玉带着玉笙乘上彩凤，萧史带上玉箫跨上金龙，一时间龙凤双飞，双双升空而去。当时的人们便把萧史称为乘龙快婿。

从此以后，华山中峰又被称为玉女峰。后人在中峰建起了玉女祠，许多胜迹也因玉女（弄玉）而得名。祠前有一石臼，名为玉女洗头盆，它前面的石台，就是玉女梳妆台，那下面的石洞，是玉女当年的居室，称作玉女室。此外，玉女祠北又有品箫台、引凤亭，是萧史吹箫引凤的地方。

吹箫引凤，乘龙而去，白日升天，后世历代文人墨客纷纷歌颂这段历史。唐代大诗人李白在《凤台曲》中写道："尝闻秦帝女，传得凤凰声。是日逢仙子，当时别有情。人吹彩箫去，天借绿云迎。曲在身不返，空馀弄玉名。"南北朝诗人江总诗云："弄玉秦家女，萧史仙处童。来时兔月满，去后凤楼空。密笑开还敛，浮声咽更通。相期红粉色，飞向紫烟中。"

婚戒的由来

戒指是古今中外最常见的装饰品，并与爱情和婚姻有着紧密的联系，逐渐发展成为男女订婚、结婚必赠的信物。关于婚戒的来源莫衷一是。

有一种说法认为婚戒的出现是古代抢婚演绎的结果。当时，男子抢来其他部落的妇女就给她戴上枷锁。经过多年的演变，枷锁变成了订婚、结婚戒指，男子给女子戴戒指表示女子已归自己所有。

还有种说法认为中国远古时代的戒指是用为戒绝性行为的标记。这一点，在东汉郑玄《诗经·邶风·静女》的注释中有所论述。上古时，宫里的妃妾轮流伴寝君主，轮到者由女官在其左手上戴一指环作为标志，如这个女子怀孕，便在她的右手上套一金环以示有孕。指环之所以称戒指，就是以此禁戒君主再"御幸"这位妃妾。这与古人的迷信观念是有关的，他们认为怀孕及经期中的女人身体不洁，与之接触便

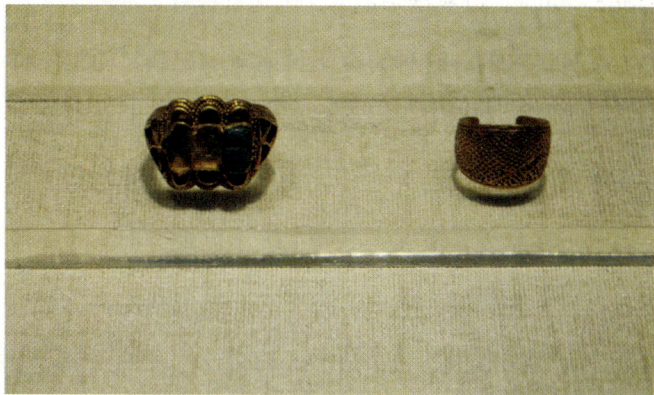

▲晋代嵌宝石金戒指

31

有晦气、祸害，所以这两个时期的女人是不可触犯的，"戒指"便是不可触犯的表征。这种迷信观念今日虽然已经消失，但指环仍具有禁戒的性质，只是含义起了变化。戒指在古代所禁戒的是丈夫不得与已有身孕的妻妾再行同房，在现代则禁戒该女子对丈夫或未婚夫以外的男子再生非分之想。所以，戒指的古名仍适用于今日。

晚唐时，戒指渐渐由男女互赠变为只由男子赠与女子，这和今天中西戒指的馈赠方式是类似的。范摅《云溪友议》中写书生韦皋少时游江夏期间，与少女玉箫从相识到相恋的故事。韦皋临回家乡前送给玉箫一枚玉指环，发誓少则五年，多则七年后会来娶玉箫。然而七年光阴过去了，薄幸的韦皋却不复再来，痴情的玉箫绝望地沧呼："韦家郎君，一别七年，是不来矣！"竟绝食而死。人们怜悯玉箫这一场悲剧，就把韦皋送给她的戒指戴在她的中指上入葬。很多年以后，韦皋官运亨通，做到西川节度使，才辗转得知玉箫的死讯。他悔恨不已，于是广修经像，以忏悔过去的负心。后来有人送给韦皋一名歌姬，名字容貌竟与玉箫一模一样，而且中指上有形似指环的肉环隐现，韦皋知道是玉箫托生又回到了他的身旁，二人终于以再生缘的形式实现了隔世的结合。可见，以戒指来定情，也是自古有之的。

关于戒指的戴法也是有讲究的，这种讲究不见诸文字记载，而是一种约定俗成。民众认为，左为上，右为下，左象征尊严和力量，右象征温柔和体贴。故民众佩戴戒指有"男左女右"之分。此外，男子戴在食指上表示求爱，戴在中指上表示正在恋爱，戴在无名指上表示已婚。而女子一般不戴在食指上，其他则与男子相类似。若有人男左女右地戴在小指上，则明确表示自己是独身。在当代民俗中，男女情感上的交往一定要注意对方所戴戒指的位置，要尊重这种约定俗成的习俗，恰如其分地相处。

镜子在传统婚嫁中具有独特的意义。铜镜自古以来就在婚俗中扮演辟邪的吉祥物，时间久了，也便成了婚姻关系和爱情的信物。如今常说的"破镜重圆"一词就是用来形容分离的夫妻重归团圆的故事。传说这是由华阴人、隋越国公杨素的一段成人之美的佳话而来的。

杨素，字处道，在辅佐隋文帝杨坚结束割据，统一天下，在建立隋朝江山方面立下了汗马功劳。他不仅足智多谋，才华横溢，而且文武双全，风流倜傥，在朝野上下都声势显赫，颇著声名。由于杨素破陈有功，加之陈国的乐昌公主才色绝代，隋文帝就乱点鸳鸯，将乐昌公主送进杨素府中，赐给杨素做小妾。杨素既仰慕乐昌公主的才华，又贪图乐昌公主的美色，因此更加宠爱乐昌公主，还为乐昌公主专门营造了宅院。然而乐昌公主却终日郁郁寡欢，默无一语。

原来，乐昌公主与丈夫徐德言两心相知，情义深

婚嫁镜子寓意多

▲古代铜镜

厚。陈国将亡之际，徐德言曾流着泪对妻子说："国已危如累卵，家安岂能保全，你我分离已成必然。以你这般容貌与才华，国亡后必然会被掠入豪宅之家，我们夫妻长久离散，各居一方，唯有日夜相思，梦中神会。倘若老天有眼，不割断我们今世的这段情缘，你我今后定会有相见之日。所以我们应当有个信物，以求日后重逢相认。"说完，徐德言把一枚铜镜一劈两半，夫妻二人各藏半边。徐德言又说："如果你真的被掠进富豪人家，就在明年正月十五那天，将你的半片铜镜拿到街市去卖，假若我也幸存人世，那一天就一定会赶到都市，通过铜镜去打听你的消息。"

一对恩爱夫妻，在国家山河破碎之时，虽然劫后余生，却受尽了离散之苦。好不容易盼到第二年正月十五，徐德言经过千辛万苦，颠沛流离，终于赶到都市大街，果然看见一个老头在叫卖半片铜镜，而且价钱昂贵，令人不敢问津。徐德言一看半片铜镜，知妻子已有下落，禁不住涕泪俱下。他不敢怠慢，忙按老者要的价给了钱，又立即把老者领到自己的住处。吃喝已罢，徐德言向老者讲述一年前破镜的故事，并拿出自己珍藏的另一半铜镜。颤巍巍两半铜镜还未吻合，徐德言早已泣不成声……卖镜老人被他们的夫妻深情感动得热泪盈眶。他答应徐德言，一定要在他们之间传递消息，让他们夫妻早日团圆。徐德言就着月光题诗一首，托老人带给乐昌公主。诗这样写道："镜与人俱去，镜归人不归。无复嫦娥影，空留明月辉。"

乐昌公主看到丈夫题诗，想到与丈夫咫尺天涯，难以相见，更是大放悲声，终日容颜凄苦，水米不进。杨素再三盘问，才知道了其中情由，也不由得被他二人的真情深深打动。他立即派人将徐德言召入府中，让他夫妻二人团聚。府中上下都为徐德言、乐昌公主二人破镜重圆和越国公杨素的宽宏大度、成人之美而感叹不已。宴罢，夫妻二人携手同归江南故里。这段佳话被四处传扬，所以就有了破镜重圆的典故，一直流传至今。

婚嫁传统溯源

远古时代的杂婚

人类社会最初的婚姻形态要追溯到远古人类的杂乱婚姻。在杂乱婚姻时代，孩子只知其母，不知其父。男女两性间的关系是杂乱的、没有限制的。在一些传说中，甚至有父女、母子、兄妹之间的结合。除了人与人之间的性关系，还有人与异类之婚姻的记载。

比如，有关人类起源的神话传说，《史记》有这样的记载：太皞庖牺氏母曰华胥，履大人迹于雷泽，而生庖牺于成纪，蛇身人首。又载：周后稷名弃，其母有邰氏女，曰姜嫄。姜嫄为帝喾元妃，姜嫄出野，见巨人迹，心忻然说，欲践之，践之而身动如孕者，居期而生子，以为不祥，弃之隘巷……《诗经·商颂》有：天命玄鸟，降而生商。这些记载，在今天看来，或许是奇异荒诞的，但从中我们却可以看到这样一个事实，那就是这些诞生儿都是只知其母，不知其父。

《吕氏春秋·恃君览篇》记载："昔太古尝无君矣。其民聚生群处，知母不知父，无亲戚、兄弟、夫妻、男女之别，无上下长幼之道。"意思是：在远古时代还没君主，那时的先民们杂居群处，人们只知其有母而不知其有父，没有亲戚、兄弟、夫妻和男女的区别，也没有什么上下、长幼、尊卑的道德规范。很显然，那时由于没有婚制、没有家族，所以不可能有确定的长幼关系，也就只知其母不知其父。

此外，海南岛黎族有一个传说：古代天地变迁，

▲姜嫄墓

人类灭绝，只剩下母子二人。玉帝降旨，令母亲在脸上刺花纹，让儿子认不出来，然后与儿子结合，生育后代。而在希腊神话中，爱神阿芙罗狄蒂本是宙斯与大河神女儿狄俄涅所生，可她的父亲却向她求过婚。

女娲兄妹与血缘婚制

随着生产力的不断发展，生产上自然分工的出现，出现了血缘婚。血缘婚制与乱婚制相比，排除了父女间、母子间这种不分辈分的男女杂婚关系，而只限于同辈男女之间，这是一个很大的进步。这种婚姻的典型样式是，一群兄弟与一群姐妹之间互为共夫或共妻，丈夫过着多妻生活，同时妻子也过着多夫生活。血缘婚也称族内婚，属于族内群婚制。

关于血缘婚，《独异志》中记录了女娲兄妹自相婚配的故事："昔宇宙初开之时，只有女娲兄妹二人在昆仑山，而天下未有人民，议以为夫妻，又自羞耻。兄即与其妹上昆仑山，咒曰：'天若遣我兄妹二人为夫妻，而烟悉合；若不，使烟散。'于烟合，其妹即来就。兄乃结草为扇，以障其面。"这里所说的兄妹成婚，便是原始社会血缘婚俗的反映。

广西瑶族有一则传说，在一场大洪水后，人类全

▲女娲伏羲雕塑

部灭绝了，只剩下伏羲、女娲兄妹二人。兄向妹求婚，妹不允，提出用"追逐"的方法决定是否成婚，如兄追到她，二人便成婚。于是，二人围着一株大树追逐。追来追去，兄始终追不上。后来，兄生一计，从相反方向迎去，挡住了妹，遂成为夫妇。值得注意的是：这种女跑男追的未婚习俗，后来成了中华民族千百年来所沿袭的求婚方式。

关于伏羲和女娲的故事，我们还可从画像石中看到。其中，东汉武梁祠石室画像的构图，可以说是一幅典型的血缘家庭等辈婚图。画中央是面各朝一边的伏羲和女娲以蛇尾相交，两边又各有一男一女，男牵伏羲之袖，女曳女娲之裾，并各甩其尾作跃跃欲试状，表示他们的从（表）兄妹正准备参与这种交尾活动。而在伏羲和女娲的中间，还有一男一女两个小儿作交尾状，代表了他们的下一辈又结成一个共同夫妻圈子。图画中的点睛之笔，是两小儿背上的一对鸟翼，这是画上所有人物同属一个凤（凤）姓血缘家庭的标志。

在湖南武冈、邵阳一带也有类似伏羲和女娲的传说：在古代，有一次洪水滔天，人们全被淹死，只留下东山老人和南山小妹两兄妹，为着要传后代，两兄妹就结了婚，现在的人全是他俩的后代。直到今天，当地人的祖先堂上所供奉的第一对祖宗，还是东山老人和南山小妹两兄妹。马克思曾针对这种兄妹成婚的现象这样说过："在原始时代，姊妹曾经是妻子，而这是合乎道德的。"这也正印证了当时社会所实行的血缘婚俗。

纳西族的《创世纪》所描绘的，正是典型的一群兄弟姊妹间的婚姻，比较真实地反映了最早的血缘婚制。如："除了利恩六兄弟，天下再没有男的；除了利恩六姐妹，世上再没有女的。兄弟找不到妻子，找上了自己的姊妹。姊妹找不到丈夫，找上了自己的兄弟。兄弟姊妹成夫妇，兄弟姊妹相匹配……"

由群婚到对偶婚的演变

以否定血缘婚配为限制的族外婚习俗的产生，是社会生产力进一步发展的结果。一方面，族内的血缘婚已经不能适应生产力发展的需要。另一方面，人们认识水平逐渐提高，也意识到了血缘婚姻对后代的身体和智力会有很大的危害。这是由血缘婚向族外婚过

▲凉山彝族陶俑

渡的必然。这种族外群婚习俗在远古时代的广泛存在，有大量的史料和传说可以证明。如古籍里记载少典氏和有娇氏女结婚而生下黄帝，实际上这并非个人行为，而是指少典族的一群男子与有娇族的一群女子搭伙婚配，生下了黄帝，而他的父亲是无法确指的。

如此来看古代传说的"圣人无父，感天而生"，我们就不难理解，圣人并非"无父"，只是不可确知其生身之父是谁而已，这与"民知有母不知有父"的原始社会族外群婚制社会状态完全一致。到了封建社会后，为了神化"圣人"，便认为是"感天而生"，圣人的头上又多了一道神秘、神圣的光环。

在史籍中这种圣人感天地而生的动人离奇的神话传说很多，这正反映了中国古代各个部落氏族，从母系氏族社会向父系氏族社会转变时期，还是实行族外群婚制，男女关系很混乱，就是母亲也无法确知孩子的生父是谁。此外，当时人们可能也未认识到男女婚配生育的奥秘，还没有形成这个概念，所以也就只知其母而不知其父了。于是，远古的圣人便只能神秘地解释成感天地而生。通过远古的"圣人无父"的传说，我们可以看到原始社会母系氏族时代群婚制的缩影。

族外婚姻往往会形成两个或几个集团间世世代代互相通婚的姑舅表婚制。这种习俗下，男子只是在女子家过婚姻生活，男女均没有固定的配偶，因而所生子女仍然是"知母不知父"。但随着这种关系日趋稳定，也渐渐发展成为一定时期内的固定妻子或丈夫，这就成了对偶婚。对偶婚是指一个女子可以在一群男子中选择一个做她的主要丈夫；同理，一个男子也可在一群女子中选择一个女子做他的主要妻子。这种婚制同样属于母系氏族，所生子女皆从母姓，只知母不知父。这一点我们可以从古人的名字上看出来。如尧出生时，姓"陶唐氏"；舜出生时，姓"姚氏"；后稷出生时，姓"邰氏"。由此也可以解释古时父子不同姓的现象。如尧姓"陶唐氏"，而他的儿子丹朱则姓"有虞氏"。

对偶婚有"望门居"和"从门居"两种不同形式，但无论哪一种都是临时的，不固定的，解除婚姻对他们来说也很自由。在"望门居"时，只要妻子告诉丈夫以后不要再来就是了。而在"从门居"时，当夫妻失和时，妻子本人或妻方亲属只要让男子知道应该收拾一下自己的东西，带着走开就够了，而男子这时候也只能恭顺和听从。

父母之命与媒妁之言

　　"父母之命，媒妁之言"是春秋时期开始实行的婚姻礼仪必备程序，即男女结婚必须由父母做主，由媒人说合，还要履行一定的手续，举行一定的仪式。用当时的话来说，就是"娶妻如之何，必告父母……娶妻如之何，非媒不得"（《诗·齐风·南山》），也有俗谚叫作"天上无云不下雨，地上无媒不成亲"。说的都是父母与媒人在缔结婚姻中的重要作用。在传统

▲月老像

▲绢人红娘

婚姻中，男女自由恋爱、自由结合是不被认可的。正因此，历史上那些为爱而去勇敢争取的男女青年的爱情故事才成为流传千古的佳话。

"媒妁之言"在古代与"父母之命"相提并论，是构成婚姻所不可缺少的条件，也是使婚姻合乎道德的一个楔子。媒，就是谋合，妁，就是斟酌。媒妁就是基本斟酌情况，谋合二姓，使其相成。"媒人"一词，见于《古诗·为焦仲卿妻作》中："阿母白媒人，贫贱有此女，始适还家门。"《礼记·坊记》中也说："男女无媒不交。"如果没有父母的同意，媒人的说合，便自由恋爱结合的男女，会被人视为不合礼法。如西汉的才子司马相如，在四川临邛富豪卓王孙家做客时，爱上卓王孙守寡的女儿卓文君。卓王孙嫌司马相如家庭贫困，不同意这门婚事，结果女儿跟司马相如私奔。卓王孙认为这一行为有辱门庭，气愤异常，不给女儿置办嫁妆。这件事反映了古代对男女"私订终身"的一般看法。可见，父母之命与媒妁之言在传统婚姻中不可取代的重要地位。

从事说媒工作的人，被人们雅称为"月老"、"红娘"，俗称为"媒人"，"月老"即"月下老人"的简称。传说，月老是专门为男女牵线配对的。一经月老拴了红线，两人必定成为夫妻。而再相爱的两个人，如果没有月下老人拴住的红线，也是没有办法走在一起的。关于月下老人"拴红线，配佳偶"的故事，还有一种有趣的说法。传说月老会根据七星娘娘的册簿，结合各人的相貌、人品、性情、好恶等，将最适合的两人配成双，用红绳把他们系在一起，另外再写一份配偶的名册，每对配偶用泥土塑成两个土偶，晾干后放入配偶堂。经过月下老人配成的夫妻，都门当户对，而且夫妻间也和和睦睦，白头偕老。可是，有一年天气特别潮湿，终日阴雨连绵，塑成的土偶怎么也干不了。正在月下老人急得团团转时，一天，雨过天晴，月下老人连忙将土偶搬到室外去晒。不料天公突然又下起了倾盆大雨，由于搬运不及，一部分土偶的面目被雨水冲洗得模糊不清了。谁该跟谁配对呢？月下老人面对着这堆面目全非的土偶，开始犯难了。无奈之下，月下老人只好提笔乱点鸳鸯谱了，不管男女是否相爱，也不管他们的门第高低，这样，世间便出现了许多凑合夫妻，甚至还酿成了很多的悲剧。

以"红娘"来称呼媒人，源自于唐代才子元稹写的一篇《莺莺传》，文中塑造了一个聪明活泼的婢女红娘形象。她一再巧设计谋，终于撮合成了张生与莺莺小姐的婚事。元代王实甫根据这个故事又写成了《西厢记》，其中红娘的形象更加聪明可爱。之后，人们便以"红娘"代称媒人，显出了对媒人的重视和友好。

其实，说媒并不是一件轻松事，媒人不仅要熟悉男女双方及其家庭的基本情况，力求门当户对地提亲，而且必须做到既基本上准确地向男女双方及其父母反映对方的情况，又要尽可能隐恶扬善，使双方充分认识对方的长处，从而乐于达成嫁娶的协议。就是说，要生就一张"媒婆嘴"。

做媒人要勤于跑腿，从开始为男女双方牵线搭桥之日起，要经常往来于男女两家之间，交流情况，传达彼此的愿望和要求，防止发生意外的变故。习惯上男女两家都有义务招待媒人，乡下人说"媒百餐"并不是夸张。可见其奔走撮合之勤。

说成一桩媒，媒人可以得到一些钱财，称之为"谢媒礼"。这笔钱一般由男方支付，在成亲的前一天，连同送给媒人的鸡、肘子、鞋袜、布料一起送到媒人家。谢媒钱的多少，视主家经济状况自行决定，但无论多少，均需用红纸封好，称为"红包"或"包封"。由此可见，做媒也是和钱财分不开的。所以，无论在故事中，还是在现实生活中，都会有一些为谋财而说媒的人。《醒世恒言》第九卷中便讲了一个关于媒婆的笑话。玉皇大帝要和人间的皇帝结亲，商量道："两家都是皇帝，也要请一个皇帝来说媒才好。"于是请了灶君皇帝往下界去说亲。人间皇帝见了灶君，大惊道："那做媒的怎么这般黑？"灶君道："从来媒人哪有白做的。"这虽然是个笑话，却也说明了有些媒人唯财是贪的特点。

门当户对与七仙女下凡

中国古代的婚姻讲究门当户对。"门当户对"一词中的"门当",原是指大户人家门前精雕细刻的两面石鼓门枕,而在大门框上方凸出的四尊木头雕刻的漆金"寿"字门簪,就是"户对"。民间所说的"门当户对"就是指这石鼓和门簪。旧时大户人家有财不外露,一般很难打听到财产情况,儿女定亲之前,一般都暗暗派人到对方家的门前看一看,通过"门当"上雕刻的纹饰,就能了解对方家所从事的行当。如果石鼓镌刻花卉图案,表明该宅第为经商世家;如果石鼓为素面无花卉图案,则为官宦府第。由此"门当户对"演化成男女婚配的条件并延续下来。

中国古代还有所谓的"竹门对竹门,木门对木门"的说法。"竹门"与"木门"标志着当时不同家庭、不同社会地位和经济差别等。平民百姓间也有

▲仙女湖

"板门对板门，篾笆门对篾笆门"的俗语，讲的都是中国封建婚姻最主要的联姻原则——门当户对。

门当户对的婚姻最早出现于西周时期。西周时，统治阶级为了保持血统的高贵，对通婚的范围有严格限制。比如，天子家庭只能与诸侯国的王族通婚，诸侯国王族婚姻也只能在不同姓的诸侯王族中间进行。而诸侯国与诸侯国之间，还有大小之分，小国一般不能与大国相配。比如，齐僖公曾想把女儿嫁给郑国太子忽，忽坚决地推辞，不敢接受，别人问他缘故，忽说："婚姻是讲究门当户对的，齐国大，郑国小，这门婚事，我是万万不敢高攀的。"

史书中反映这种门当户对传统婚姻观念的记载有很多。如《魏书》中记载了一个士族出身的女子明惠，因瞎了一只眼睛，同样为士族的高门大户都不愿娶她。而她这样的家庭若与卑门小户结亲，则被视为有辱于士族。她的姑姑不愿看到她下嫁给下户人家，竟娶来做了自己的儿媳妇。这种举动受到了士族阶层的普遍称赞。从中不难看出门当户对的婚姻观念在当时社会的主流地位。

除了史料记载，还有很多原始神话传说也能从侧面反映出这一传统婚姻观念。比如，七仙女下凡的故事。生活在贫困之家的董永是个非常孝顺的青年。不幸父亲去世后，家贫如洗，连最起码的办丧事的钱都没有。无奈之中只得卖身于一富豪之家，以换得安葬父亲的资用。七仙女是玉帝的小女儿，因厌烦天宫枯燥的戒律，渴望摆脱压抑生活，而幻想过上人间的幸福生活。于是七仙女在众姐妹的帮助下私自下凡人间，与处于绝望之中的董永以老槐树为媒，结为夫妻。之后，七仙女同董永一起来到富豪傅员外家中，为傅家织锦还债。在七仙女的帮助下，一百天后偿还完所以债务。七仙女与董永满怀着对共建未来美好新生活的憧憬，带着冲出樊笼的喜悦，走出富豪家的大门，返回自家的寒窑。如今想来，在先人们的人生理想中这该是多么幸福，多么如意的人生企求。不料此事终于被玉帝知道了。玉帝怒火冲天，当即派遣天神来到人间押解七仙女返回天庭。在天神的武力威逼下，七仙女唯恐董永受到伤害，只得与董永诀别于缔结婚姻的老槐树下，洒泪归天而去。从此，为人们留下了一段爱情悲剧。

董永与七仙女的结合，违反了古代社会"门当户对"的传统观念，所以为社会、习俗所不容。这种门当户对的传统婚姻观念使得无数真心相爱的男女不能走到一起，酿成了很多感人的爱情悲剧，同时也为人们留下很多歌颂美好爱情的神话传说，寄托着人们对于美好情感、自由结合的愿望，也反映了恋人们对这样门当户对传统婚姻观念的反抗。

传统婚姻之三书六礼

按照中国传统的礼法，男女成亲需要"三媒六聘"，也叫"三书六礼"。这是古代中国的传统婚姻习俗礼仪。"三书"指的是礼聘过程中来往的文书，分别是在订婚时交换的"聘书"，过大礼时交换的"礼书"，迎亲时由男方交给女方的"迎书"。而"六礼"是指中国传统结婚礼仪所必经的六道手续，贯穿在由求婚至完婚的整个结婚过程中。据《大雅·大明》说，六礼在周文王时期已经萌芽。秦汉

▲雕花聘礼杠箱

以后，全国统一，六礼逐渐成为定制。"六礼"主要指六个礼法：纳采（提亲）、问名（夹八字）、纳吉（过文定）、纳征（过大礼）、请期（择日）和亲迎（迎亲）。

简言之，纳采是男家请人向女家提亲、说媒，探问女方之意。女方家里如果同意，便收下男方送来的礼物。问名，即男家在大红庚帖上写下男子的姓名、排行、生辰八字，由媒人送到女方家中。女家若有意结亲，就把女孩的名字、八字等写上请人占算。这里的问名，主要是问女方生于何年、何月、何日，以备占卜吉凶。纳吉，是对男女双方的生辰八字等进行卜算。如果八字没有相冲相克，则初步议定婚事。纳征，征就是成的意思。所以，纳征之后，婚姻就算成立，这类似今天的订婚。纳征是六礼中极为重要的一礼。请期，是指男方择定成婚吉日，告与女家。女家可根据情况选择同意与否，如不同意，男方需再次择定日期。旧时选择吉日一般多为双月双日，不喜选三、六、十一月，三有"散"音，不选六是因为不想新人只有半世姻缘，十一月则隐含不尽之意。最后一礼是迎亲，指在约定的婚礼当天，新郎带迎书亲自到女家迎娶新娘。

可见，古代的结婚过程与现代的意义有些不同。现代的结婚过程一般指结婚当日所举行的礼仪，而三书六礼的结婚过程则包括了从谈婚、订婚到结婚等过程的所有文书和礼仪。与现代相似，整个传统婚姻习俗礼仪通知了亲属邻里，以取得社会的认可和保障。除此之外，传统婚姻习俗礼仪使结婚的夫妇取得祖先神灵的认可和承担履行对父母及亲属的权利义务。因此在古代某些时代，男女若非完成三书六礼的过程，婚姻便不被承认为明媒正娶；嫁娶仪节的完备与否，直接影响婚姻的吉利，也会影响新娘在新郎家中的成员资格和地位。

当然，由于六礼规定过于繁杂，主要是在上层社会中实行。在之后的发展演变过程中，六礼也有一些调整。

抢婚习俗与王老虎抢亲

抢婚是我国历史上较为古老的婚姻形态，又称为抢亲、掠夺婚。古时的抢婚，一般是指男子未得女子及其亲属同意，用掠夺的方法强娶女子为妻。古时，成亲是在昏时成礼。人们在夜幕降临之际，穿着黑衣推着黑车，于夜间到女家迎亲，因为在夜色的掩护下，易于抢婚得手。后世结婚沿用了这种习惯，也在夜间迎娶，逐渐形成了婚姻的概念，结婚之礼也被称为婚礼。

古代抢婚的这一习俗，在民间流传的故事中也有所反映，比如王老虎抢亲的趣事。江南才子周文宾英俊潇洒，在元宵灯会上男扮女装，连他的好友祝枝山都未认出。王尚书的儿子王天豹，诨名王老虎，趁灯会的时候抢劫妇女。周文宾见状打抱不平，竟被王老虎抢回家中。当晚，将周文宾送到妹妹房中暂住，准备第二天拜堂成亲。两个"姑娘"一起谈话，十分投缘，等周文宾脱掉女装，这一对早已相恋的青年男女对天盟誓，结为夫妻。王老虎一觉醒来，眼看自己辛辛苦苦抢来的新娘变成了妹妹的新郎，而且自己连花堂都给妹妹准备好了，他真是有苦说不出，也只好乖乖做了大舅哥。

经过长期的历史发展和变革，在我国的一些少数民族当中，仍然存在抢婚的习俗，只是这种习俗已由真实的暴力掠夺演变为虚拟的仪式了。如在迎亲之

▲寨子

日，小伙子约集同伴，持刀，袋藏铜钱，来到事先与新娘约好的地点，隐蔽起来。待新娘出现后，"伏兵"四起，"抢"着新娘就走。新娘则大声"呼救"，家人亲友闻声追来，乡邻随同起哄。抢亲的一方便抛撒铜钱，趁追赶的一方拾钱之时，逃散而去。这种抢婚习俗，作为一种婚姻仪式，具有闹剧色彩，且比较简单，花费不多，所以为很多家境贫寒者采用。

这种抢婚多是在男女双方自由恋爱的基础上进行的，男方父母参与出谋划策，只是瞒着女方的父母。抢亲的时间、地点都是由男女双方事先商定好。当姑娘出现在指定地点时，早已做好准备的亲戚朋友会蜂拥而上，拉起姑娘就往男方家奔跑。此刻姑娘一定要大哭大叫，佯装挣扎，制造假象好让村寨里的人知道她被人抢走了。有时还要呼救，引出女方父母前来追赶。女方父母虽然也明白事情的真相，但也必须呼天抢地地前来争夺，做出痛失爱女于心不忍的样子。

　　姑娘被抢之后，男方请寨子里的中老年人和亲朋好友吃喜酒。按惯例，新娘到男方三天后，男方就会派人到女方家，向女方正式求婚。媒人所带的礼品中必须有两包米饭，其中一包有一个煮熟的鸡蛋，象征着男女已经成婚。女方父母见生米煮成熟饭，就是心中有气也只好同意这门亲事。亲事说定以后，在男方家中再举行隆重的婚礼，恩爱因缘便促成了。

　　这种抢婚习俗不仅在侗族、苗族、傣族、布依族、哈尼族等少数民族中存在，而且在新中国成立前浙江等地的县市也存在过，只是具体形式有所不同罢了。

黄昏娶亲的古老习俗

黄昏娶亲是古时的婚礼习俗，古代称婚礼为"昏礼"，实际上是专指迎娶新娘的迎亲礼，因为远古迎娶新娘多在黄昏时刻。《白虎通义·嫁娶篇》便有这样的记载："婚姻者何?昏时行礼，故谓之婚也。"意思是婚姻之所以为婚姻，是因为在黄昏时举行嫁娶之礼。

关于黄昏娶亲，民间有这样一种说法，拜堂不见天，老来当人仙，从男方娶亲到女方回到男方拜堂，都不能见到亮光，因为白天声音嘈杂，夜深人静时则干干净净。因此旧时结婚拜堂，都要经风水先生排日期、定时辰。如今有的地方白天新娘出嫁也有撑大凉伞的习俗，便与黄昏成亲的传统有一定关系。

原来自从明太祖朱元璋统治天下，建立大明帝国以后，就把他的许多儿子分封到全国各地，以加强其封建统治。当时南阳（那时叫南阳府）也封有一个藩王，掌握全府十三个县几百万人的生杀予夺大权，而且是世袭的。到了明朝末年最后的一个藩王，越发地坏。这个藩王叫什么名字，由于年代久远，早已失记绝传。只因他姓朱，所以人们都叫他"猪王"。这个"猪王"不仅是个横征暴敛、嗜杀成性的残酷小暴君，而且是个道德沦丧、寡廉鲜耻的花花太岁。他一接位，就在南阳府城的中心修建了一座王府，又在王府内建起一座高达数丈的假山，登临其上，可以俯瞰全城。他每天不理政事，在山上吃酒行乐，荒淫无耻，无所不为。最可恨的是他在酒醉饭饱之后，东张西望，指指点点，只要他看到有人家抬花轿，娶媳妇，或听到喜乐，他便要指使家丁马上把新娘子抢来，享受初夜权。

就这样，被他糟蹋的青年女子不知有多少，人们对他恨之入骨，只是在他的淫威之下，敢怒而不敢言。于是人们便想出了这个办法：在夜间结婚，而且悄悄地进行。时间久了，便相沿成习，成为一种传统习惯。

侗族婚俗中也有夜半成亲的习俗，也叫偷亲、偷妻。"偷"是因为娶亲人家事先不想张扬，待到新娘进屋，鞭炮鸣响，寨上的人方知又有新娘进寨啦。

冬天是侗族偷亲的季节。偷亲之夜，后生家里一片喜气，后生与找好的一两个陪郎去新娘家，他们一路唱歌唱到女方木楼下，就像往日走寨一样轻松自然，旁人丝毫没有从中觉察出迎娶迹象。而心中有数的姑娘早已在楼中等候，她和女伴在家里纺纱绣花，吱吱的纺车声带着姑娘的期待飞出窗外。当后生听见姑娘那"请进来"的亲切话语，便高兴地走上楼去，他们不递封包、不叩头，而是礼貌地向老人问好，与老人交谈，新娘手中的纺车转个不停，默默不语，女伴们则不停地与新郎、陪郎逗趣。

招待新郎、陪郎由老人作陪，新娘由姑娘们簇拥着进房更换新装。待打扮完毕，新郎、新娘便要辞行了。临出门时，姑娘们趁新郎不注意用锅灰抹他的脸，陪郎若心明眼快，会尽力替新郎挡驾，但也常常难逃姑娘们灵巧的"攻击"。新郎脸上黑一块白一块，像戴了个假面具。回家的路上，陪郎在前头走，他们仔细地探看路面，以尽心尽意地让这对新人安全洁净地到达家中。

亥、子、丑这三个时辰为新娘进屋的时间，所以，在女方家起程时就要算好时间。到了男家寨子，若还不到吉时，就要先在寨外歇歇。当新娘一到，鞭炮齐鸣，一位全福的妇人立即迎上前去，让新娘面向东方坐在方凳上，接过家婆递来的锅铲和油茶滤，为夫家的亲人打一锅油茶。这是侗族独特的礼俗，让新娘给夫家留下贤淑、善良、灵巧的第一印象。亲人们喝着新媳妇打的油茶，自然是香在嘴上，甜进心里。

这种夜半迎亲的习俗，虽然称为偷亲，但其实并不神秘。有了那一阵火爆喜气的鞭炮声，便宣告又有一对新人踏上了新生活的征途。

沿海婚嫁趣闻

提亲与奠雁

现在常说的提亲，也就是古时六礼中的第一步"纳采"。主要是由媒人进行沟通，传达男女双方的意思。如得到女方的应允，再请媒人正式向女家纳"采择之礼"。这其实就是传统婚姻中的父母之命，媒妁之言。

关于纳采之礼，《仪礼·士昏礼》记载："昏礼，下达纳采。用雁。"奠雁是古时纳采礼仪中的重要一环。为何用雁作为纳采之礼呢？主要有以下几层意思。一是取雁的忠贞之意。雁总是雌雄成对地在一起，一旦失去对方，便终身不再另觅。二是取其守时之意。雁是候鸟，随气候变迁南北迁徙，从不耽误时节。古人认为雁南来北往顺乎阴阳，配偶固定合乎礼

▲以雁为礼

仪。再有雁飞翔的特点是飞成行，止成列，更象征着嫁娶有礼，长幼有序。所以古时按六礼而行的婚姻中，不仅纳采用雁，在其他各个环节中，也常用雁作为礼物。

但有一点要特别注意，这里的雁必须是活雁，因为事后还要放生，不然不吉利。古时纳彩礼物一直用雁，只是雁越来越难得，因此后世也常以鹅、鸭、鸡三禽来代替，也有用其他东西作礼物的。比如苗族就常用鸡作为提亲的礼物。苗族青年哪怕是自由恋爱，也多需要通过父母公开认可。所以，男方也要请媒人带上一只母鸡到女方家提亲。媒人一进门，就笑逐颜开地对女方的母亲说："恭喜、恭喜！我来你家找酒喝呐！"女主人一看来者提着一只母鸡，就心领神会地笑道："喝什么呀？我家的酒淡得很，怕没有人喝呐！"媒人急忙道："哪里哪里！都说你家的酒又香又甜，我才来讨呐！"女主人便问："不知哪方的名门高客想喝我家这杯淡酒？"媒人便一一奉告，并代表男方正式向女家求婚。

壮族的婚姻习俗也很有本民族特色。在广西靖西、德保一带，男女青年之间建立情感后，男方就派人或媒人到女家去说亲。按当地规定，男青年不能自己到女家提亲。提亲时，不能直截了当，而要转弯抹角地说："某家有绿叶，你家有鲜花，绿叶愿意配鲜花，就看你老人家的。"倘若女家回答说："蓓蕾未开，离摘花季节尚早。"或说："眼下，我家还缺劳动力，同时，小女上下还不懂，早晚还要指教她。"这表示婉言谢绝。如果女家回答道："花儿虽好仍须绿叶扶，不知人家中意不中意？"意思是愿意联姻。这之后，才能进行下面的程序。

茶与婚俗的渊源

在我国历史上，茶被看作是一种高尚的礼品，纯洁的化身。在许多与人们生活密切相关的重要场合，又将茶作为一种吉祥的象征物，使茶的内涵上升到精神层面。茶与婚姻的关系就是一例。

唐太宗贞观十五年(641年)，吐蕃以最隆重的礼仪迎接一位从唐朝京都远嫁而来的汉族姑娘。这位汉族姑娘就是文成公主。按照汉民族的礼节，她带去了陶器、纸、酒和茶叶等嫁妆。当时三十二世藏王松赞干布到大唐请婚，唐太宗决定把宗室养女文成公主下嫁与他。文成公主入藏时带去"湖含膏"等不少名茶。这是我国茶与婚礼联系的最早记载。

其实，茶文化渗透到婚礼之中，也是与我国饮茶的习俗和以茶待客的礼仪相联系的。因为，婚礼不仅

▲松赞干布与文成公主雕像

▲茶礼

仅是向社会公布或要求社会承认婚姻关系的一种形式，而且也是通过宴庆，为新郎、新娘举行认亲拜友的一次"招待会"。所以，结婚喜庆的一天，一般也是缔姻两家至亲好友大聚会之日，客至献茶，这样，婚礼也就自然而然地和茶叶结下不解之缘了。

早在明朝时就有"定亲茶"的记载。清代人福格在《听雨丛谈·卷八》中说："今婚礼行聘，以茶叶为币，清汉之俗皆然，且非正室不用。"与茶有关的婚俗，最有趣的当推闽南和台湾。闽台婚姻礼仪总称为"三茶天礼"。

"三茶"即订婚时的"下茶"，结婚时的"定茶"，同房合欢见面时的"合茶"。男方随媒婆或父母到女方家提亲、相亲，女方的父母就习惯叫待字闺中的女儿端茶待客，茶杯斟满后，依辈分次序分送到男方亲客手中，由此拉开了"相亲"的序幕。男方家人趁机审察姑娘的相貌、言行、举止，姑娘也暗将未来夫君打量一番。当男方到女家"送定"（定亲）时，由待嫁女端甜茶（闽台民间叫"金枣茶"），请男方来客品尝。喝完甜茶，男方来客就用红纸包双数钱币回礼，这一礼物叫"压茶瓶"。到了娶亲这一天，男方的迎娶队伍未到女家，女家就要请吃"鸡蛋茶"，即甜茶内置一个脱壳煮糖的鸡蛋。

男方婚宴后，新郎、新娘在媒婆或家人的陪伴下，捧上放有蜜饯、甜冬瓜条等"茶配"的茶盘，敬请来客，此礼叫"吃新娘茶"。来客吃完"新娘茶"要包红包置于茶杯为回礼。结婚成亲的第二天，新婚夫妇合捧"金枣茶"（每一小杯加两粒蜜金枣），跪献长辈，这就是闽南、台湾民间著名的"拜茶"，也是茶礼在婚事中的高潮。倘若远离故乡的亲属长辈不能前往参加婚礼，新郎家就用红纸包茶叶，连同金枣一并寄上。

　　茶叶在婚礼中作为"从一"的象征，过去主要流行于汉族中间，但是我国多数民族也都有尚茶的习惯，所以在婚礼中以茶为礼的风俗也普遍流行于各个民族。比如，云南拉祜族人，当男方去女方家提亲时，必须带去一包茶叶、两只茶罐及其他礼品，而女方家也通过品尝男方送来的茶叶质量的好坏，作为了解男方劳动本领高低的主要参考条件。贵州侗族的男女婚姻由父母决定后，如姑娘本人不愿意，可以用退茶的方式退婚。具体做法是：姑娘悄悄包好一包茶叶，选择一个适当的机会亲自送到男家，对男方的父母讲："舅舅、舅娘，我没有福分来服侍两位老人家，你们去另找一个好媳妇吧!"说完，把茶叶放在堂屋桌子上，离开男方家，退婚就算结束了。

纳征与大聘

纳征，与纳吉相对，在男女双方订婚之后，男方要向女方家送聘礼，这与订婚时所送的礼物不同，也叫"大聘"、"过大礼"、"过大定"等，是六礼中最关键的一项。纳征以后，婚姻进入正式准备阶段。

至于纳征所送的聘礼，后世也叫"彩礼"或者"财礼"。是由男方送给女方一定的财物，以作为女子的出嫁之资。"彩礼"的称呼主要是取男女和合，成人美事的意义。而 "财礼"的叫法，更能反映出传统婚姻缔结的交换原则，反映了买卖婚姻的实质。中国传统婚姻带有浓厚的买卖性质，十分讲究聘礼的多少。只是不同时代、不同地域有所差别而已。

这种送彩礼的婚俗是沿用原始公社末期对偶婚制传留下来的聘礼形式。当家长把自己的女儿许配给男方时，要求男方送些礼品。比如史籍上就有"伏羲制嫁娶，以俪皮为礼"的说法。从中可以看到早期的聘礼主要是"俪皮"，也就是成对的鹿皮。古代人认为鹿是美丽的化身（古体字的"丽"就是上丽下鹿组成的，即麗），雌雄鹿皮，更象征着阳奇阴偶，配偶成双的吉祥之意。家庭条件好的还会加上玄、纁、束、帛为礼，通常是玄三纁。所谓的"玄纁束帛"，就是用玄色或者浅红色的包袱包着财物。取三二之数是用乾坤之卦所表示的天地阴阳来象征夫妻。这些礼物都预示着这对夫妻的结合是顺应天时的。

我国自古还有一种以茶为聘礼的习俗。明代许次纾在《茶疏考本》中说："茶不移本，植必子生。"古人结婚以茶为识，认为茶树只能从种子萌芽成株，不能移植，否则就会枯死，因此把茶看作是一种至性不移的象征。所以，民间男女订婚以茶为礼，女方接受男方聘礼，叫"下茶"或"受茶"，并有"一家不吃两家茶"的谚语。如今，以茶为礼的习俗还流传在一些少数民族地区。比如拉祜族，拉祜族人在下聘时，其他一切都可以不送，但茶仍是万万不可少的聘礼。

可见，早期的聘礼主要还是些生活的必需品或取吉祥祝福之意。但随着时代的发展，聘礼中的经济补偿性质逐渐显露出来，发展为"无币不相见"这种以金钱多少来衡量的婚姻。如到汉代，是"嫁娶必取多资"、"索重聘"；到元明两代，聘礼更重，法律还明文规定了聘礼的等级和数量。

这一重聘礼的传统流传至今，有些地区还在沿用，只是行聘的礼物随社会的发展有所改变。

佳期择定有讲究

"请期"又称"告期",俗称"提日子"、"送日子"。过大礼之后便是古代六礼中的请期,也就是决定迎娶的日期。人们历来重视婚姻嫁娶,所以娶亲的日期和时辰也大有讲究。一般来说,男婚女嫁,要以顺应天时为原则。先是男方家请人占卜推算出结婚的黄道吉日,再请媒人携带鸿雁到女方家通告,并且征得女方家的同意。如果女方不同意男方家选定的日期,就得再选吉日。

完婚吉日选择风俗,据说自周代即已存在。在婚期的择定中,一般是男方请算命先生进行一番占卜、推算,以确定吉日良辰,趋吉避凶。主要的有忌年、

▲灶王爷像

忌月、忌日，比如汉族的许多地区忌讳没有立春日的那一年结婚，认为这一年是"寡年"，而"寡年结婚不养崽"。还有种较为普遍的看法，是避免在自己的属相那一年，也就是本命年结婚，以避免伤了自己的"本命"。在汉族的某些地方还忌七月七日婚嫁，这反映了人们夫妻要长相伴随的心理，不要像牛郎织女那样长期分离，只有在七月七日那一天相会。汉族和许多少数民族地区都有忌避单日婚嫁的习俗，反映了民间"好事成双"的信俗。除了从迷信角度考虑之外，还习惯于选在农闲时节举行婚礼。一般是在秋天收获之后，或者腊月及春节前后的空闲时间。尤其是腊月二十三以后，几乎天天都是结婚的吉日良辰。这样，既不耽误农时，乡里乡亲也有时间来帮忙，婚礼自然更加热闹。民俗还认为，这时灶王爷已经上西天言好事去了，民间再无"家庭警察"监管，因而此时至年除夕期间的任何一天都是吉日。所以俗语说："管他有钱无钱，娶个媳妇过年"，"腊月二十三，灶王上西天，婚嫁无忌日，好娶新娘过新年"。

另外，除了请阴阳先生算过之外，请期还要注意不与女子的"天癸"相冲。"天癸"是指女子的生理例假日。古人认为，婚礼遇到经期是极不吉利的事情，必须千方百计地避开。所以，男方在选择日期的时候，往往会准备两到三个可供女方选择的日子，最后由女家根据情况确定。所以，阴阳先生所选择的喜日子一般为同月中的两个，一个在上半月，一个在下半月，目的就在于避开新娘的经期。

在今天，尤其是都市的年轻人，结婚已经不拘时日，但是，求吉利、喜庆的心理依然存在。人们总想找一个有意义的或喜庆热闹的日子，比如春节、五一劳动节、中秋节、国庆节等，只是失去了原来的"佳期"、"吉日"中的迷信色彩。

催妆与送妆

催妆、送妆是后代在传统婚姻六礼的基础上演变发展而来的。催妆，是指选定迎娶日期之后，男方选定日子，派人携带礼物催请女家及早为新娘置妆的礼节，也就是说，女方出嫁须得男方多次催促，才梳妆启行。催妆要多次，一般会选在迎娶前三日。男家下催妆礼，有凤冠霞帔、婚衣、镜、粉等。到迎亲时，女方家门紧闭，男方还要为催新娘启门登轿，反复吹奏催妆曲，放催妆炮，以打开女方家门。

送妆，是迎亲前，女家派人将嫁妆送至男家的礼节，也叫"发嫁妆"。嫁妆往往用箱笼装着，也有人家为炫耀陪嫁，将嫁妆用方桌一一铺开，排成一个纵队浩浩荡荡地送至男家。嫁妆通常有箱柜、被褥、首饰、衣服、绸缎、文房四宝及金银器皿等，还有以田地房屋、店铺、当铺作为陪嫁的。浙江一带，嫁妆中

▲抬嫁妆雕塑

必有一种叫作"子孙桶"的桶（大桶上有一大盖，为新娘生育时用）。桶中盛有红蛋、喜果，谓之"送子"，有祝福之意。绍兴一带，还有送"女儿酒"作为嫁妆的，即在女儿满月或数岁后，酿酒数坛埋入地下，待女儿出嫁之日，取出作为嫁妆礼品送至男家。

关于发嫁妆，还有一个十里红妆的典故。旧时，人们常用"良田千亩，十里红妆"来形容嫁妆的丰厚。婚期前一天，女家将置办的嫁妆雇挑夫送往男家，由伴娘为之铺陈。有些富家嫁妆惊人，床、桌、器具、箱笼、被褥一应俱全，日常所需无所不包。发嫁妆的队伍绵延数里，故称"十里红妆"。关于"十里红妆"有这样一段传说。据说南宋初年，登基不久的宋高宗在金兵追击下，亡命逃到宁绍平原一湖前，前无去路，后有追兵，幸得遇见一位浣纱村姑将他藏于水中，上覆白纱，方逃脱追杀。后来宋高宗传旨遍寻"救驾"村姑未果，无奈之下，下旨特许宁绍平原女子出嫁时可享有半副銮驾，半副凤仪的特殊待遇，即乘坐四抬花轿，轿上可雕鸾画凤。传说是真是假，难以求证，但是新娘享有乘坐花轿和出嫁巡游仪式的权利保留了下来，慢慢演变成"十里红妆"。

所谓"十里"，就是指送嫁队伍绵延排列十余里，当然未必家家嫁女都能有如此排场。据资料记载，最长的送嫁队伍长达十二里。"红妆"则指红色的嫁妆家具和器皿，由于采用宁波、绍兴特有的天然朱砂调和大漆做漆面，再贴上金箔，故而显得红火热烈。这种"朱漆"浸染出来的江南红，历百年而不褪色。20世纪70年代初，在浙江余姚河姆渡遗址发现一件红色漆碗。据专家考证，这是世界上最古老的用朱砂涂染的家具，距今已有6000多年。这种朱红家具经世代传承，直至清末民初依然流行在宁绍平原一带，并在数千年的岁月中演变成嫁女的红妆文化和独特的闺阁文化。

随身饭与离娘肉

沿海地区新娘的嫁妆还有一种家家必备的饭食嫁妆——"随身饭"。随身饭的品种有肉、菜、馍、面条和饺子等。称呼每种饭菜时，人们习惯在前面加上"随身"二字，姑娘出嫁头一天，父母将肉煮熟，配上青菜，装入几个饭碗内，出嫁之日用食盒抬上，至婆家加热后给新娘食用。面条是生的，庄户人家多是自己动手擀，城市的人则要买来精粉挂面，把挂面用红纸条缠好，用红布兜上作为嫁妆。若是随身饺，娘家需将捏好的生饺子摆在陪嫁的桌子抽屉里，待娘家派人送嫁妆时一起送到男方家。饺子的数量也有讲究，它要由姑娘出嫁时的年龄来决定。有的地方饺子的数量和姑娘的年龄相等，有的地方要比年龄多一个，为的是图吉利有余。父母为姑娘捏饺子的目的，是为了捏住亲家的嘴，怕女儿到了婆家，亲家絮絮叨叨使女儿受气。因为到了婆家之后，新娘的第一顿饭又往往是煮饺子，婆家嫂子将几个半生不熟的水饺端到新房中，在众目睽睽之下让新娘尝吃饺子，并大声地询问："生不生？"只有等新娘羞答答地说出"生"时方才皆大欢喜，否则绝不善罢甘休。因为这"生饺子"就预示着新娘要给婆家生孩子，传宗接代，香火有续。

"离娘肉"是男子迎亲时，要准备几十公斤的猪肉给女方送去，此肉称为礼肉或离娘肉，这是数十种彩礼中必不可少的一种。离娘肉的选择很有讲究，一般多为新鲜的生猪肋条肉和猪后腿。有些地区习惯送一块，这块肉就要大一些，少则15公斤，多则20公斤。农户人家讲究数字吉利。送肉的时间，有的在婚前三天，有的在迎娶之日，有的在婚后三天回门时。有些地区娶亲送肉不止一次，婚前、迎娶、回门都要送，甚至在结婚当年的腊月二十三，新婚还要给岳母送一大块离娘肉。有的地方还有"离娘席"的说法。即男家去女家接亲时，带去一两桌专门给新娘的父母吃的酒席，送此席表示女婿把新娘与娘家人分开，以此为安慰。这种酒席是经加工的半成品或成品，有婿为半子之寓意。离娘肉与离娘席所表达的含义是相同的。

关于离娘肉还有一个故事。很早很早以前，在一个小山村里，住着一位陈太太。老太太早年丧夫，孤苦伶仃，仅与一小女相依为命。小女长大成人后，貌若天仙，远近闻名，求亲者便整日盈门。后选中山外一名秀才，择吉日便要成婚。陈太太虽然为女儿选定了殷实人家而满意，但又不免前思后想，为自己的凄凉晚年而悲伤。吉日之前，陈太太茶米不进，以泪洗面，悲痛欲绝。女儿看到母亲如此，自己也割舍不下，遂传出话来，除非新郎能让母亲平心静气，进茶进饭，否则坚决不嫁。新郎一家四处求情，终于有一老者愿意出面调停，老者让新郎备上一份厚礼，来到新娘家中，见到陈太太，便开门见山，直接申明："男大当婚，女大当嫁，此乃人之常情。听说陈太太因女儿要出嫁而内心悲伤，特带来一份薄礼相送。因为天下儿女皆为母亲肋条所变，所以，这份礼就是一根肋条，收了这份礼，补上这根肋条，补上这块心头肉，可了结悲伤，缓解烦闷。"陈太太听了这番劝说，收下新郎带来的这份"肋条"厚礼（就是我们现在所说的"猪肋肉"、"礼条"），每日熬汤炖肉，开始进食，逐渐恢复了元气，心情也渐渐开朗了起来。从那以后，这一风俗便沿袭下来，每当男婚女嫁，便有"礼条"相送，表达新郎对新娘家人的一片真心实意。有"礼条"之礼，新娘母亲也会因此而得到一点慰藉。离娘肉的风俗自古以来持续至今，反而成了婚娶时不可缺少的一道礼仪手续。

绍兴『女儿红』

绍兴老酒属于中国八大名酒之一，色美、香浓、味甘。据记载，绍兴酒在春秋战国时即已出现。经过不断的改进、发展和创新，绍兴酿酒业逐渐形成了自己的酒文化传统。长期以来，绍兴酒也与当地人的日常生活结下了不解之缘，流传着一些令人津津乐道的美谈。其中，"女儿红"的故事就是其中一个。

从前，绍兴有个裁缝师傅，娶了妻子就想要儿子。一天，他发现妻子怀孕了。他高兴极了，兴冲冲地赶回家去，酿了几坛酒，准备待子时款待亲朋好友。不料，他妻子生了个女儿。当时，社会上的人都重男轻女，裁缝师傅也不例外，他气恼万分，就将几坛酒埋在后院桂花树底下了。光阴似箭，女儿长大成人，生得聪明伶俐，居然把裁缝的手艺都学得非常精通，还习得一手好绣花，裁缝店的生意也因此越来越旺。裁缝一看，生个女儿还真不错嘛！于是决定把她

▲花雕

嫁给自己最得意的徒弟，高高兴兴地给她办婚事。成亲之日摆酒请客，裁缝师傅喝酒喝得很高兴，忽然想起了十几年前埋在桂花树底下的几坛酒，便挖出来请客，结果，一打开酒坛，香气扑鼻，色浓味醇，极为好喝。于是，大家就把这种酒叫作"女儿红"，又称"女儿酒"。

此后，隔壁邻居，远远近近的人家生了女儿时，就酿酒埋藏，嫁女时就掘酒请客，形成了风俗。后来，连生男孩子时，也依照着酿酒、埋酒，盼儿子中状元时庆贺饮用，所以，这酒又叫"状元红"。"女儿红"、"状元红"都是经过长期储藏的陈年老酒，味美且香，因此，人们都把这种酒当名贵的礼品来赠送了。

"女儿酒"不仅味醇香郁，就是盛酒的坛子也大有讲究。酒坛上雕刻着"嫦娥奔月"、"龙凤呈祥"等图案，以象征吉祥如意。由于酒坛上雕琢了精美花纹，人们也称其为"花雕"。谁家生了女孩，亲朋好友前来祝贺，往往就说："恭喜花雕进门！"

无蛋不成婚

　　在一些沿海地区的农村，至今仍保留着一种古老而有趣的风俗，即整个婚事都离不开鸡蛋，真可谓无蛋不成婚。

　　在这些地方，男方托媒人去女方家提亲，媒人第一次去女方家，若吃到的是一碗光汤汤的素油面条，则表示女方对媒人的冷淡；若女方给媒人吃的是鸡蛋挂面，则证明这门亲事有谈成的希望。当地乡民把这蛋叫作"说亲蛋"。要是媒人吃了女方的"说亲蛋"，男方就要请媒人到女方家正式求婚。当女方以"光面"款待媒人时，则说明女方经过调查了解，家人协商决定对这门亲事持冷淡疑虑态度；倘若女方给媒人吃的面里有四个鸡蛋，则暗示婚事成功了一半。同样，女方到男方家去"看门风"时，不管人多人

▲婚礼中的鸡蛋

少，男方也要以蛋招待，每人四个以示敬重。

订婚那天，求婚的男方和媒人及两个同族的亲戚到女方家敲定婚期，女方家也要以蛋招待，同样每人每碗四个鸡蛋。婚礼这天，鸡蛋更成了待客的必备之物。这天清早，男方家选定去女方家接亲的亲属和媒人，一律要吃蛋起程，寓意兴旺发达，常来常往。新娘子接来后，女方送亲的人又要在男方家吃一碗煮鸡蛋，个数逢双，要么两个，要么四个；新郎、新娘每人一碗鸡蛋加鸡腿，预祝新婚夫妇美满幸福。婚后次日清晨，新婚夫妇洗漱完毕，新郎的母亲便将昨夜早就准备好的一只党参清蒸鸡端进新房，由新郎新娘关紧房门慢慢吃掉。鸡中有两个鸡蛋，每人先各吃一个蛋，后吃鸡腿，再吃鸡的其他部分，寓意心心相印，永不分离。这只鸡若一餐吃不完，中午仍由新郎新娘继续吃，直到吃完为止，才能从此白头偕老。

也有不一样的，比如男方到女方家相亲，女方不管同意与否，来者是客，女方都会用鸡蛋款待相亲客。若女方不同意，则煮一个鸡蛋给男方人吃，即"一厢情愿"的意思；若中意男方，则打蛋汤（煮荷包蛋），而且是两只，寓意"好事成双"。此外，姑娘出嫁时，娘家除准备其他嫁妆外，还要准备一对大鹅蛋，因为"鹅"与"和"谐音，预示婚后夫妻和睦美满。新婚之夜，新人上床前要吃"子茶"（糖茶蛋），预祝早生贵子。

在广西壮族自治区，青年男女结婚时，男方要给女方送去五十至一百个红熟蛋，女方收下这些红熟蛋，是用来分给前来参加婚礼的小妹妹和亲朋好友的。在举行婚礼时，前来参加婚礼的小妹妹和女友，一进家门就会嘻嘻哈哈地笑闹着，争着要红熟蛋吃。分到了红熟蛋的小妹妹和女友，都感到心满意足，高高兴兴地吃起来。分红熟蛋，一方面表示出嫁者结束了姑娘阶段，进入了婚后生活；另一方面表示出嫁者对妹妹和女友们的关心爱护，预祝她们婚姻美满，家庭幸福。为什么红熟蛋这么受欢迎呢？原来广西壮族地区有个"碰蛋说爱"的习俗。每逢农历三月三，家家户户都将鸡、鸭、鹅蛋煮熟，染上红色。他们认为，红色代表吉祥和炽热，象征爱情的热烈。所以，青年们赶歌圩时，都要准备二三十个这样的蛋。在相互对歌中认识、接触之后，便在适当时候举行碰蛋游戏，当男青年选择到自己的对象时，便拿出红蛋去碰女青年手里的蛋。如果女方不同意，就用手把蛋头握住，不让男方碰破；如果同意，就拿自己的蛋与男方的蛋对碰。蛋砸烂后，一般女方吃蛋白，表示心像蛋白一样纯洁，男方吃蛋黄，表示一心不变，然后两人悄悄地在幽静的小河边或树林里倾吐爱慕之情，商议婚事。在有些地方，对于碰蛋的结果还有明确的意义。如果碰蛋时，男女双方的蛋同时碰破，就认为两个人的命运相连，有姻缘有情份；如果只是一方的蛋碰破，就表示两人无缘，这时就该自己把蛋吃掉或送给对方，以示彼此相识的情意，婚姻不成友谊在。

在今天的有些地方，还流传着一种新郎踩鸡蛋的有趣习俗。比如，在浙东一些小岛，当新郎到新娘家迎亲时，新娘家的人要在他面前摆一只银盘。盘中放一个生鸡蛋，新郎要当众赤着脚踩破它。这是表示新郎永远爱新娘，哪怕粉身碎骨也不变心。随后，新娘面带笑容，取水跪地，为新郎洗脚，以表示感激和服从。

筷子与婚俗

筷子在传统文化中历来就被视为吉祥之物，方顶圆身的筷子寓意天圆地方、天长地久。关于几千年的文化沉淀，筷子作为国粹礼品也有了自己的语言：传统婚俗中筷子用于祝福新人快生贵子；情侣之间送筷子，表达自己不离不弃永远不分离的爱意；筷子送给朋友与亲人，表达自己贴心关怀与爱护；筷子送给合作伙伴，表示互帮互助的协作关系。"四双筷子情深似海，五双筷子五子登科，八双筷子恭喜发财，十双筷子十全十美。"因此，筷子在人们心目中不仅是一种餐具，更代表对美好生活的祝福和希望，有吉祥的寓意。宋代文人程良规有首诗曰："殷勤问竹箸，甘苦乐先尝。滋味他人好，尔空来去忙。"就是对筷子那种奉献精神的生动描绘。

追溯民俗之习，筷子是传统婚俗礼仪中不可缺少之物，从姑娘出嫁时的"陪嫁筷子"、花轿起程前的"撒筷子"到洞房门帘上的"吊筷子"、横梁上的

▲龙凤筷子

"束筷子"，乃至闹新房后的"戳窗投筷"等，可谓时时有筷、无处不筷。据说，"筷子"的叫法，大约从宋元时代才开始。而男女欢会用"箸（筷子原称箸）"为赠，早就见于南朝时的志怪小说，取"同眠同起"、"成双捉对"之意。

关于筷子与婚俗的渊源，还有一个说法。原来旧时人家，如有托媒联姻之议，照例要将男女双方的"八字"写在纸上，再置放于筷笼内，意思是央求筷子卜算这门亲事是否吉利。倘若几天内家里太平无事，则为吉，反之，如有人生病或猪瘟鸡死等事，则为凶。验证"八字"相合、亲事大吉的筷子，便成为信物，保存起来，等正式举行婚礼时，用于陪嫁、吊门帘、挂梁等。意在借其潜力和灵性，驱逐鬼煞，保佑吉利。

筷子在民间婚俗中的用法多种多样。比如，淮安民间有丢筷子的习俗。以前，新房的窗户是用红纸糊起来的，淮安民间，即有新婚之夜戳破窗户、丢筷子婚俗的仪式。当婚仪即将完成，新人准备就寝时，由童男子用两把红筷子将窗户纸戳破，然后将筷子一双一双地撒向新人床上或新娘身上，撒到床上的越多越好。撒筷子也要说喜话，如："一撒洞房一世如意一世昌；二撒二人上牙床，二人同心福寿长；三撒新人心意好，三祥开泰大吉祥。"

鄂西土家人的婚俗也与筷子有关。每当新娘上轿时，娘家总管就会立即把葵花秆做成的火把抛向她，紧接着用红纸包着的筷子向轿子周围抛撒。因为"筷"与"快"字谐音，表示吉祥如意。筷子撒得多，表示族旺。这时，新娘一见撒筷子就要哭唱《筷子歌》："一把火把亮堂堂，一把筷子十二双。冤家出门鸟飞散，筷子落地有人捡。哥哥捡到把福享，弟弟捡到压书箱，妹妹捡去配鸳凰，表姐表妹捡到嗒，一生一世都吉祥。"

沿海婚嫁仪式

新娘过门障碍多

新娘被热热闹闹地迎到新郎家，却不能直接进入新郎家的门，一定要跨越一些人为的障碍才行，常见的有跨火盆、跨马鞍等。

跨火盆，是一种新娘过门仪式。如惠州婚俗中便有让新娘跨火而过的习俗。即便是不置专门的火盆，一些老人也要抓一把草燃烧在门口，让新娘跨过，这一习俗北方称"跨旺火"（也有的地方是跨炭火，是一种比较悠久的民间习俗）。这有两个用意。一个是取"旺"字，新娘跨过旺火把之后，来日就给夫家带来"旺火"。另一个是取"避"字，主要是避去邪祟。民间认为有两个"邪"源，一个是婚嫁之时，观者如云，其中难免夹杂一些家中有丧、病之事的人，民间认为他们身上带有邪祟，惠州则称这些人身上带有"煨（讳）"；另一个邪源是出自新娘本身，女人身子带有"脏"，这是一种中国传统落后的旧观念。

因此，惠州的跨火之俗，虽取"旺火"之意，但主要是为了辟邪，火盆所燃的旺草、丝毛草等物，均是中国传统的辟邪之物。尤其是旺草，惠州民间称其为"抹药"，是惠州传统去"煨（讳）"的专用药，在出生婚嫁礼仪以及"拜山"祭祀中，它都是人们用以辟邪的护身药。

▲铜火盆

撒谷豆是古代迎亲时抛撒谷类和豆子的传统婚礼仪式，很像今天婚礼中的撒花瓣或彩纸屑。撒谷豆一般分两次举行。第一次在女方家。女子即将上轿时，便请福寿双全的老太太，手拿簸箕，其中装很多米谷和豆子，在花轿四周、里外、新娘周围抛撒。第二次在男方家。迎亲队伍回到男方家，伴随着新娘下轿、进男方家门，由男方的亲人，比如姐妹、姑嫂等向新娘抛撒谷豆。

古时认为抛撒谷豆是为了禳三煞以辟邪。所谓的三煞也就是青羊、乌鸡、青牛三神，抛撒谷豆就是要饲养青羊，喂天鸡、青牛，免得它们伤害新人，驱邪气，以

撒谷豆以辟邪

▲谷物

求新婚安全、大吉大利。另外，谷物是农业社会人们赖以生存的最根本的生活资料，古人奉为珍宝，并创造出谷神，春祈而秋报，谷物由此而成为吉祥物。所以，撒谷豆的习俗还体现了一种求吉祥、送祝福的美好心愿。

据宋朝高承《事物纪原》所载，撒谷豆习俗始于汉代。京房的女儿与翼奉的儿子订立了婚约。翼奉选了个日子准备为儿子迎娶新娘。京房认为翼奉所选的日子不吉利，因为这一天有三煞附在门上。凡是三煞附门的时候，新娘便不得入门，如果违犯了，就会损害尊长，而且婚后无子。翼奉不以为然，坚持在这一天迎娶，但还是采取了一定的措施。当新娘入门时，用谷豆和草来辟邪。京房、翼奉都是西汉的大儒，两家子女缔结婚姻，对婚期是否为吉日产生了不同的看法，结果以撒谷豆辟邪的方法来予以解决。

古人崇拜谷种的繁殖力，并且以为谷种与人可以相互感应，谷种的繁殖力可转移至人身上，用以繁衍子嗣。所以，撒谷豆习俗还隐含有祝子之意。因为撒谷豆避三煞的原因，在于三煞不仅会危害尊长，而且会造成新婚夫妇婚后无子。三煞本来是隐身在门上的，新娘入门，它们便会附身而进，造成危害。撒谷豆仪式便驱除了附在新娘身上的邪魔。

随着时代的发展，虽然有些地区仍保留着撒谷豆的遗存形式，但古时的迷信思想已渐渐被美好的祝愿所取代。

什么是铺房？

铺房，也称铺床、安床等，是一种于结婚前一天在男家举行的铺设新房的仪式。这一礼仪虽不见于古代婚礼程序的"六礼"之中，但起源甚早，宋时十分盛行。司马光在《温公书议·卷三》中有这样的记载："亲迎前一日，女氏使人张陈其婿之室，俗谓之'铺房'。古虽无之，然今世俗所用，不可废也。"话说回来，在完婚之前为一对新人准备好安寝之处，也是人之常情。加上婚床本身即是男女交合和生育最为神圣的地方，因此，民俗中定要将新房打扮得热热闹闹、五颜六色，以表达对新人的无限祝福和对未来美好生活的期望。

铺房并不是什么人都做得来的，必须是福寿双全、家境富裕的"好命婆"，这样才能带来吉祥与福气，而孕妇和寡妇是不准参加这一仪式的。被褥是"铺床"的重点，它由有儿有女的全福人缝做。按理说，被褥本来应讲究舒适、实用。此时却不，套被人要把很多东西套在里面，比如红枣、楝枣、核桃、火棍、砖头，甚至蒺藜狗子。红枣、楝枣，叫早生贵子。"套火棍，引举人"，"套个砖，引个官"。套蒺藜狗子，是怕新人睡不醒，变懒了。边套东西边唱歌，大伙儿是十二分的快活。

喜被一头敞口不缝，说是留作钻小孩的，喜被当中只引一道线。喜被四角放艾叶，寓意"爱"。放栗

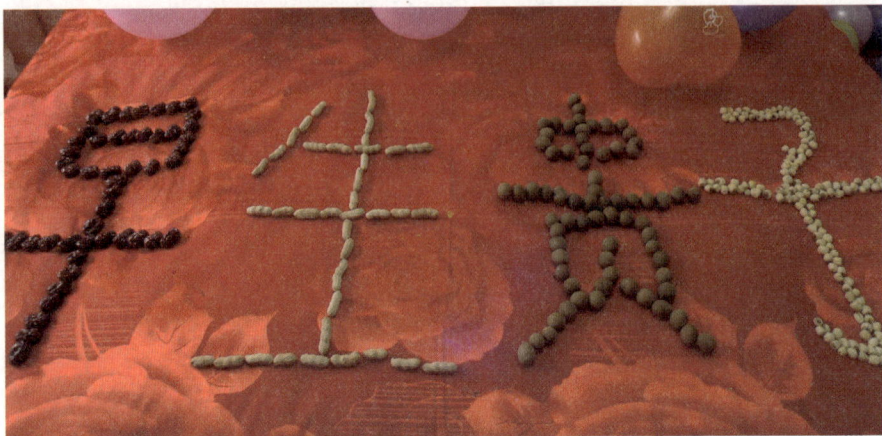

▲ 婚床

子、大枣、花生，叫"立子早、早立子"，而且还要"掺和着生"。

山东德州的铺床仪式与上面类似，铺床时边铺边唱歌谣，"床上铺的是什么？""是豆秸，养个儿来做秀才。""床上铺的是什么？""是麦穰，一代一个状元郎。"铺床时，床要紧靠东墙或西墙，因这两边为山墙，靠墙便有靠山，婚时靠父母之山，以后靠儿女之山。铺好床，在床的四角放上枣、花生和栗子，或让男童在上面打几个滚儿，以求早生贵子。

为了表达强烈的生育愿望，喜床铺好后，还要"滚喜床"，即找一个小男孩，最好是新郎的晚辈如侄子、外甥等。让前来迎亲的一位妇女将其抱到喜床上，满床乱滚，大家跟着一齐引逗，笑闹，儿童嬉笑声不断。滚床目的，是希望新娘来后当年能生个大胖小子。"滚喜床"之后，这铺床的仪式才算结束，就等着第二天迎娶新娘子过门了。

别有趣味的传袋

　　传袋是汉族传统婚俗中一道饶有情趣的仪式。新娘坐花轿来到夫家后，下轿时须"脚不沾地"地走进"拜堂"的礼厅，确保执行这一规矩的措施，是用红布口袋或彩绢、毡褥之类的织物，从花轿前直到礼厅铺一条袋路；由女傧相搀扶新娘走出轿门后，再牵引

▲现代婚礼上的"传袋"——红地毯

她从这条袋路上径登礼厅；也有轿门打开后，由几个小伙子各拿一条布袋轮流铺地的，让新娘一步一步地踩在袋上，铺袋人则一袋接一袋地向前传去，直至走进礼厅。在此过程中，司仪还要念念有词地高喊："传一袋，郎才女貌；传二袋，鸳鸯合好；传三袋，三星高照；传四袋，四喜如意……"贺喜众人随其赞词呼应喝彩，愈显得喜气洋洋。

在今天的都市新式婚礼中，新娘走下轿车后迈向礼堂时脚下所踩的那条红地毯，也可说是"传袋"的另一种形式。

一般多认为"传袋"是利用谐音对新人及早添子的祝福。"传袋"意味着传宗接代，即生儿育女，代表着婚姻中男女当事人及整个家族的共同愿望。

另有一说，谓"传袋"的用意，在于不让新娘用脚踩地。关于这一点，民间也有一个传说，大意是：古时候，有个老娘舅受托护送外甥女去邻县成亲。新娘在过门的当夜病倒在洞房内。老娘舅求神拜佛，俱不济事，经一位老人指点，老娘舅又来到当地土地祠祈祷，新娘贵恙竟不治而愈。老娘舅深以为异，又向那位老人请教。原来本乡土地器量狭，忌讳多，新娘从外乡来到，一下乘舆，便一脚踩在它的身上，它岂肯甘休?多亏及时送礼赔罪，这才逢凶化吉。后凡从外乡抬来媳妇，从下轿起就严禁双脚踩地，得由人搀扶，从毡席之类的铺垫上走进礼堂。直到正式拜过上天后土，也就是履行过婚礼头一道程序"拜天地"后，方算取得在本乡土地上"食毛践土"的资格。慢慢地四方都照此行事，从而形成了一代传一代的铺毡行路、足不履地的风俗。

还有一说，称"传袋"的本意是禳灾辟邪，与传统婚俗中的"照轿"等仪式同出一源。此说亦有一些大同小异的民间故事可附会，大致是：以前，有户人家娶媳妇，花轿进门后，里面走出容貌服饰完全一样的两位新娘，恰巧，有位人称"活包公"的巡按御史从此地经过，听说有这等怪事，便来判别真伪。"活包公"把两个新娘上下端详后，吩咐夫家将一匹红布展开拉平，离地面三寸，接着让两位新娘轮流从这红布上走过。一位新娘顿时慌得变了脸色，另一位则笑逐颜开。"活包公"令慌神的新娘先走，才走了一步，就把布踩到地上了。另一位新娘从容不迫地跨上红布，稳稳当当地从头走到尾，红布始终离地三寸。原来，后者是由狐狸所幻化的，没想到"活包公"略施小计，妖怪便原形毕露。

此事传开后，人们再用花轿娶亲时，就有了各种防范措施。比如新郎押着花轿去女方迎娶新娘时，不能让花轿空着，得找个阳气健旺的童子坐在轿内，叫"压轿"，以免狐祟乘虚而入；新娘进花轿后，还得"锁轿"；轿子抬进男家时，照例只许停放在大门口，得先由喜婆或巫师之类的人开启轿帘，拿面小镜子对准轿内上下左右环照一周，叫作"照轿"，意思同"照妖镜"差不多。确认无碍后，再请新娘下轿，还得从一条事先铺开的红布上行走：如果真是新娘，展平的红布上自然会踩出足痕，反之就是害人的妖魅——这个办法，正是跟"活包公"学来的。

新郎新娘拜天地

新郎、新娘进门后，接着就要"拜堂"，拜堂是我国传统合法婚姻的一种最重要的仪式，被认为是婚姻大礼。因拜堂时，要在喜堂中拜天地诸神、拜祖宗、拜父母和夫妻对拜等，又称拜天地或拜高堂、拜花堂。

拜堂的地方一般在洞房门前，设一张供桌，上面供有天地君亲师的牌位，供桌后方悬挂祖宗神幔。新郎、新娘就位后，由两位男宾引导，行三跪九叩礼，参拜天地、祖宗和父母。然后女东男西，行夫妻对拜礼。

拜天地是指新郎、新娘要叩拜天公与地母这对中国人心目中的最高主宰。以向天地通告一对新人的结合，获得其批准与保佑，还标志着一对新人结合的合法性。这一仪式，集中体现了旧时婚礼的神圣与庄严，因而拜天地不仅成为拜堂的代名词，也成为举行

▲拜堂

婚礼的代名词。拜过天地，也就标志新郎、新娘成为一家人了。

虽然拜堂的程序大同小异，但"十里不同风，百里不同俗"，在不同的地方拜堂风俗也会存在一些差异。拜天地仪式一般都是在上午新娘进门后随即举行，然后再开喜宴。但在扬州一带，是先开喜宴，等参加婚礼的亲友酒足饭饱之后，拜天地仪式方才开始。拜完天地之后，并不是把新娘送入洞房，而是送进厨房。因为按照当地的风俗，进入厨房的新娘，要亲手煎一碗豆腐，因为"豆腐"与"陡富"同音，寓意新娘的到来能使男家陡然富足。而且在新娘点燃柴火草时，喜娘还要在一边说，"火要空心，火就旺；夫妻要忠心，生活才美满"等语。

在山东，天地桌摆在堂屋门前天井中，上放一只斗，内盛高粱、谷子、小麦、粟子、大豆等五种粮食，俗称"五谷"。上面蒙上红纸，斗中插一杆秤，斗旁放一面铜镜，前面烧三炷高香，点一对龙凤花烛。新郎、新娘站在天地桌前的红毯上，拜天地。有的地方拜天地时，人们还抓起斗中的五谷往一对新人的头上撒，称为"撒穗"。进洞房时，新郎用一根红绸牵着新娘。

我国泉州一带，还有一种寄房的风俗，也是一种较为特殊的拜堂习俗。在结婚这天，如果男的因为出门而无法赶回家中完婚，而婚期又不能改动时，也只好按原定吉日用花轿把新人抬来。但是，新娘下轿时，男家人要抱一只雄鸡到新娘坐的花轿前，以雄鸡来象征新郎迎娶新娘。在浙江海岛一带，还有以雄鸡替代新郎入洞房的习俗。在当地，渔民出海打鱼不能按期返航的事经常发生，因此，如果男子出海遇上风浪不能如期参加婚礼的话，也会采用代替的办法，只不过替新郎拜堂的并不是雄鸡而是小姑。但是，拜完堂后，由小姑手捧一只大红公鸡同新娘一起送入洞房。公

▲五谷杂粮

鸡颈上系一条红布，放在笼内每天喂食，直到新郎回家后才被放出洞房。这就是俗话说的："阿姑代拜堂，公鸡陪洞房。"

由于信仰不同，我国有些民族的婚俗中并不存在拜堂的风俗。比如满族，因为有信仰北斗的习俗，新娘来到男方家后，要在接亲太太的引导下，同新郎一起来到设在院中的神桌前，朝着北方参拜，俗称"拜北斗"。而我国鄂温克族崇拜火，因而男女青年在举行完婚大礼时拜火就成为一项不可缺少的仪式。婚礼一般是由男性长者主持，这位长者将洁白的哈达披到新郎、新娘肩上，先让一对新人给族长叩头，再给火神叩头，之后给男家父母叩头，然后举行婚宴，欢庆新婚。

在我国有些地方还存在着男拜女不拜的奇特婚俗。如分布在浙江崇山峻岭中的古老民族——畲族，在夫妻拜堂时，便是男拜女不拜，新郎行三跪九叩礼，而新娘则不用下跪。因为相传畲族的先祖是皇帝的三公主。她在嫁给畲族始祖盘瓠的时候，一不拜天，二不拜地，更不能跪拜祖宗，这个风俗延续至今，也就形成了男拜女不拜的婚俗。

关于畲族的起源是怎样的呢？

传说，在上古时代，高辛皇后患有耳疾，从耳中挑出了一条三寸金虫，于是把它放在瓠里，盖上盘，顷刻间，金虫变成了五色斑斓的龙麒，高辛帝欣喜不已，称其盘瓠。当时正遇番邦入侵，高辛帝出榜文招聘勇士，谁能够斩下番王的头，就把三公主许配给他。盘瓠揭下榜文勇赴番国，三年后衔着番王的头归来，但三公主说什么也不肯嫁给龙麒。龙麒就对三公主说："你把我放在金钟内七天七夜，我就会变成人形。"高辛皇把龙麒置于金钟内，到了第六天，皇后怕他饿坏，就掀开金钟看了一眼，结果使龙麒只是身体变为人形，而头却未变成。三公主和盘瓠结婚，即成为畲族的始祖，生下三男一女，长子出生后放在盘里，就姓盘；次子出生后放在篮里，就姓篮；三子出生时雷声大作，于是姓雷；一女嫁给钟智深，便姓钟。畲族的祖先最早生活在广东潮州一带，后向福建、浙江迁徙，如今散居在广东、福建、浙江、江西、安徽五省的山区。

新人坐帐纳吉祥

坐帐习俗是新人进入洞房之后的第一个仪式。民间认为，新娘进入洞房之后，要按照一定的方向坐在床上，不能随意走动，俗称"坐福""坐床""坐富贵"等。坐帐是一种古老的习俗，在全国各地都有流行。

按照古时风俗，坐床时不许乱动，坐而不动，主婚后大富大贵；坐而乱动，主娘家受穷受罪。新娘坐帐，要面向喜神方向。喜神，也叫"吉神"，是保佑人们幸福和好运的吉利之神，没有具体的神名但有具体方位。所以，新娘在坐帐时要根据阴阳先生的指点面向喜神所在的方位。只有这样，这对新婚夫妇才能一生平安，喜事不断。

也有的满族新娘事前在院内搭建的一个帐篷中坐帐。新婚夫妻拜完天地之后，不是马上"入洞房"，

▲坐床

而是先进入帐篷内住一两宿。新娘在进入帐篷之前，新郎先要用马鞭、秤杆或拜杆将新娘头上的红盖头挑下放在帐篷顶上，接着新娘跨过门口的马鞍走进帐篷，面向南坐。帐内点两根蜡烛，夫妇进入后禁止说话，一直坐到辰时，还由女察玛用满语致颂词。有的新娘坐帐时，屁股下还坐把斧子，用垫子放在斧子上，寓意"坐福"，要一直坐到晚上才能下地。在此期间，新郎要一直站在帐篷外守卫，不可离开，直到天黑为止。

夜幕降临，新郎还是不能马上进入帐篷，而是要背着行李绕帐篷走圈，边走边试探着问新娘"留不留宿"，直到新娘回答"留宿"时才可走进帐篷。可是新娘往往由于害羞而不吱声，这时参加婚礼的姑娘们会趁机隔着帐篷冒充新娘高喊："不留！"新郎也只好接着走圈，直到被闹得满头大汗，焦急不安，逗得旁人发出笑声。最后，新郎的兄嫂或族兄出面干涉，新郎才得以解脱，进入帐篷。

有些地方，新娘坐帐时，要由一个活泼机灵的小男孩将糊在窗户上的红纸用手捅破。小男孩透过洞眼往新房内看时，黑眼珠灵活地转来转去，活像是麒麟送子的样子。男孩这一破窗的行为，寓意着新娘婚后早生贵子。至于新娘坐帐时间的长短，各地是不一样的。有的仅是象征性地坐一会儿，有的则要坐一天。民间说，新娘坐帐时间越长，婚后就越有福气。

交杯酒

新郎与新娘喝"交杯酒"是每一个结过婚或参加过婚礼的人非常熟悉的。

宋代以后，新人"用两盏以彩结连之，互饮一盏，谓之交杯。饮讫，掷盏并花冠子于床下，盏一仰一合，俗云大吉，则众喜贺，然后掩帐讫"。这个仪式的象征意义是意味深长的。

用彩绸或彩纸把两个酒杯连接起来，各饮一杯，象征此后夫妻便连成一体，合体为一。饮过之后把杯子扔到床下，以卜和谐与否，如果酒杯恰好一仰一合，它象征美满，天覆地载，大吉大利。

今天，在年轻人的婚礼上，交杯酒也是必不可少的，但其形式比古代要简单得多。男女各自倒酒之后两臂相勾，双目对视，在一片温情和欢乐的笑声中一饮而尽，或者是在洞房，或是在举行婚礼的大厅、饭

▲交杯酒

店、酒楼。

这种风俗在我国非常普遍，如在绍兴地区喝交杯酒时，由男方亲属中儿女双全、福气好的中年妇女主持，喝交杯酒前，先要给坐在床上的新郎、新娘喂几颗小汤圆，然后，斟上两盅花雕酒，分别给新婚夫妇饮一口，再把这两盅酒混合，又分为两盅，取"我中有你，你中有我"之意，让新郎、新娘喝完后，并向门外撒大把的喜糖，让外面围观的人群争抢。

饮交杯酒时所吃的饭俗称"团圆饭"，各地有不同的习俗。在山东威海，新娘饮交杯酒后，要吃一碗海蛎子、一碗老板鱼，寓意"立子"和相伴到老。还有的地区，新娘要吃鸡蛋，吃时有人故意问"生不生"，新娘答"生"，寓意早生贵子。之后，吃栗子、红枣等，同样有人在一边念叨："先吃栗子生贵子，后吃红枣生娇娥。"有的地方吃完团圆饭后，一对新人要去抬尿盆，俗称"抬聚宝盆"。此时，婆婆将洞房门关上，新娘叫门，婆婆问："是谁？抬的是什么？"新娘便回答："是您儿媳妇和您儿，抬的是聚宝盆。"

按照婚礼习俗，在交杯酒过后，常常还要举行结发之礼。结发在古代称合髻，是将新婚男女的头发结在一起以表示结为夫妻，新婚夫妻同坐于床，男左女右。不过，此礼只限于新人首次结婚，纳妾或再婚者不用。因而原配婚姻才能称结发夫妻，娶妾与续弦等都不能得到结发的尊称。可见，结发含有非常庄重的意义，后来这一习俗逐渐消失，但结发这一名词却保留下来了。结发夫妻象征着夫妻永不分离的美好含义，如同交杯酒一样，仍然得到大多数人的充分肯定和赞许。

欢欢喜喜闹洞房

洞房原指深邃的内室，比喻为洞，含有神秘之意，后来用来称新婚夫妇住的卧室，并用"洞房花烛夜"来形容新婚之夜的喜庆气氛。自汉代以来，新人结婚即有闹洞房的习俗。

关于闹房习俗的来历，我国民间有两种说法。一说源于驱邪避灾。相传，很早以前紫微星一日下凡，在路上遇到一个披麻戴孝的女子，尾随在一伙迎亲队伍之后，他看出这是魔鬼在伺机作恶，于是就跟踪到新郎家，只见那女人已先到了，并躲进洞房。当新郎、新娘拜完天地要进入洞房时，紫微星守着门不让进，说里面藏着魔鬼。众人请他指点除魔办法，他建议道："魔鬼最怕人多，人多势众，魔鬼就不敢行凶作恶了。"于是，新郎请客人们在洞房里嬉戏说笑，用笑声驱走邪鬼。果然，到了五更时分，魔鬼终于逃走了。可见，闹洞房一开始即被蒙上了驱邪避灾的色彩。闹洞房驱邪的风俗南北各地均有。

新人入洞房前，天津人则请吹打班子在新房内吹打，以求吉利。新人入房后，驱房内邪气依然十分重要。诸如，新郎进屋后要象征性地向新房四角各射一箭，或手执单刀朝每个角落虚砍一刀，并歌曰："一砍妖，二砍怪，三砍魔鬼坏脑袋，四砍丧神快离开，笑看麒麟送子来。"更普遍的习俗是在新房内置长明灯。所谓"洞房花烛夜"说的就是这个意思。有学者研究说，"听房"习俗实质上也是防鬼怪进入洞房的一种保护措施。

闹洞房的习俗直到现在，还在有些地方保留着。俗语说："不闹不发，越闹越发"，民间还有"新婚三日无大小"的习惯，即婚后三天，宾客、乡邻、亲友不分辈分高低，男女老幼都可以会聚新房参与逗闹新郎、新娘。人们认为，闹新房不仅能增添新婚的喜庆气氛，还能驱邪避恶，保佑新郎、新娘婚后吉祥如意，兴旺发达。

回门礼节不可缺

按照我国婚俗习惯，结婚三天，新娘便要偕同新郎一起回娘家，也称"回门"。这是一种必不可少的礼节。因为这是女子出嫁第一次回娘家，又多为新婚夫妇同行，所以又称"双回门"。因为回门大都是婚后的第三天进行，故又称为"三朝回门"。

新娘家老人心里非常重视三天回门，因此新郎事先无论是从思想上还是在礼品上都要有所准备，争取给岳父岳母留下愉快的好印象。

礼品事先备齐，买新娘家老人喜欢的礼品，礼品一般有四件。回门一般在上午9点钟动身。新郎、新娘应像参加婚礼那样认真修饰、打扮，保持婚礼上那漂亮、俊美的形象。

回到娘家，新郎、新娘首先要问候老人。这时，新郎就应改口，跟新娘一样称岳父母为爸爸、妈妈，要叫得自然、亲切，对待亲友和邻居也应表现得亲切热忱，彬彬有礼，见人先打招呼，以礼相待。

就餐时，新娘要陪着新郎，一一向父母、亲友和邻里敬酒，感谢大家对自己新婚的祝福。饭后，不要急于回家，应再陪父母聊一会儿，听听他们的教诲，然后再告辞回家。并应主动邀请二位老人和兄弟姐妹到自己家里做客，也可邀请亲友、邻里。

沿海婚嫁习俗

『红盖头』的由来

古时候举行婚礼时，新娘头上都会蒙着一块别致的大红绸缎，被称为红盖头，入洞房时由新郎揭开。

最早的盖头约出现在南北朝时的齐代，当时是妇女避风寒用的，仅仅盖住头顶。到唐朝初期，便演变成一种从头披到肩的帷帽，用以遮羞。传说，唐朝开元天宝年间，唐明皇李隆基为了标新立异，有意突破旧习，指令宫女以"透额罗"罩头，也就是妇女在唐

▲红盖头

初的帷帽上再盖一块薄纱遮住面额，作为一种装饰物。从后晋到元朝，盖头在民间流行，并成为新娘不可缺少的喜庆装饰。为了表示喜庆，盖头都选用红色的。

新娘为什么要蒙盖头，根据红盖头不同的功能，也流传着不同的故事。唐朝李冗的《独异志》载，传说在宇宙初开时，天下只有女娲、伏羲兄妹二人。为了繁衍人类，兄妹俩要配为夫妻。但他俩又觉得害羞，于是到山顶向天祷告："天若同意我兄妹二人为夫妻，就让几个云团聚合起来；若不让，就叫它们散开吧。"话一落音，那几个云团冉冉近移，终于聚合为一。于是，女娲就与兄成婚。女娲为了遮盖羞颜，乃结草为扇以障其面。"扇"与"苫"同音，苫者，盖也。而以扇遮面，终不如丝织物轻柔、简便、美观。因此，执扇遮面就逐渐被盖头代替了。这里的红盖头所起的作用主要是遮羞。一方面，表明了人们对于血缘婚制的否定态度。另一方面，则是针对新娘子将为人妻的惶惑、焦虑、不安、恐惧、羞涩等种种心理情感。

新娘蒙红盖头，还流传着这样一个故事。相传姜太公佐周伐商成功后，封商纣王为天喜星，专管人间婚姻嫁娶的送喜。但纣王不改好淫贪色的恶习，送喜时但见新娘娇美，辄非礼之。老百姓非常气愤，向姜太公告状。姜太公教大家以后送新娘上轿前，先在头脸上蒙块红布，然后放起鞭炮。人们依言行事，纣王果然不敢再作恶了，只得老老实实地将新娘护送到男家。原来，姜太公随周武王伐商时，是打着大红旗进入商都朝歌的，纣王不仅挨过姜太公的神鞭，自焚死后还被割下脑袋，挂在红旗上。如今见新娘红巾遮面，又闻鞭炮声响，误以为姜太公又打旗祭鞭来收拾他，邪念顿消。自此，盖头红布成了新娘降伏喜神、逢凶化吉的护身之宝，连同发轿时燃放鞭炮的规矩，一起流传下来。不难看出，这一故事中，红盖头主要是起辟邪、保平安的作用。红盖头既防止新娘受到邪气的感染、侵犯，又确保新娘不把邪气带到新郎家，造成不祥的后果。

另外，民间曾流传一个与感恩有关的红盖头的故事。北宋末年，康王在逃跑途中遇到了追杀的金兵，在走投无路时，一个在场上晒谷的姑娘将他藏在倒扣的箩筐里，救了他。为了报答救命之恩，康王送给姑娘一条红帕，并约定第二年的今天来迎娶姑娘，到时只要她将红帕盖在头上，便可认出是她。第二年，康王如约而至。谁知山野到处都是盖有红帕的姑娘，康王不知道哪个是真哪个是假，没了主意。原来，那农家姑娘与康王邂逅以后，思量再三，觉得嫁个君王不如做个村妇可以生活得自由自在，可皇命难违，恐怕性命不保，与小姐妹一商量，最后想出来这个妙计。这段故事随后越传越广，姑娘们都觉得有趣，以至以后出嫁时都要备一条红帕盖头。

也有人认为，红盖头与中国旧制婚俗里的抢亲习俗有关。比如男方迎娶女方，女方要蒙上红盖头，据说原始意思是为了防止女子半路伺机出逃，或者，防止她们记下回家的路。

黄帝与入洞房的传说

人类从洞式居住过渡到今天的高楼大厦，但入洞房这一名词至今仍未改变。人们把结婚仍然称为"入洞房"，从来没见过谁把"入洞房"改为"入楼房"。

传说，入洞房这一习俗，是我们祖先轩辕黄帝规定的。黄帝战败蚩尤，平息了战争，制止了群婚，结束了野蛮时代，开启了人类的文明时代。而过惯群婚的人们，一下子要改成一夫一妻制是多么不容易的一件事。这对刚刚统一了的部落联盟来说，群婚制度存在着极不利于团结的因素，经常发生抢婚事件或为抢婚发生打架斗殴。黄帝为此事经常愁眉不展。

有一天，黄帝随同一群大臣巡察群民居住的洞是否安全。突然发现一家人住着三个洞，为了防止野兽侵害，周围用石头垒起高高的围墙，只留下一个人能出进的门口。这个发现立即引起黄帝的兴趣。当天晚

▲黄帝塑像

▲洞房

上他就召来身边所有的大臣。黄帝说："我有个制止群婚的想法，说出来让大家都议论一番，看行不行。"众臣都叫黄帝快讲。黄帝说："今天咱们看了群民们居住的洞，我想，制止群婚的唯一办法就是今后凡配成一男一女夫妻在结婚时先聚集部落的群民前来祝贺，举行仪式，上拜天地，下拜爹娘，夫妻相拜。然后，吃酒庆贺，载歌载舞，宣告两人已经正式结婚。然后，再将夫妻二人送进事前准备好的洞（房）里，周围垒起高墙，出入只留一个门，吃饭喝水由男女双方家里亲人送，长则三月，短则四十天，让他们在洞里建立夫妻感情，学会烧火做饭，学会怎么过日子。今后，凡是部落人结婚入了洞房的男女，这就叫正式婚配，再不允许乱抢他人男女。为了区别已婚与未婚，凡结了婚的女人，必须把蓬乱头发挽个髻。人们一看，知道这女人已结婚，其他男子再不能另有打算，否则就犯了部落法规。"

黄帝讲完这个主张，立刻就得到众大臣的支持。众人建议叫仓颉写个法规，公布于众，这个主张很快就得到各个部落群民的支持拥护。人们都争着为自己儿女挖洞（房）、垒高墙，凡儿女们一旦婚配，举行仪式后，就把他们送入洞房。群婚这一恶习就这样逐渐消失了。入洞房的习俗也就此流传下来，直到今天。

宋人洪迈在《容斋随笔》里更有"洞房花烛夜，金榜题名时"的佳句。可见，"洞房"已由最初的洞穴之意转为新房的美称，洞房花烛夜更成为人生的一大喜事了。关于洞房花烛夜的来源还流传着另外一个传说。

相传，远古时期，陶唐氏尧称王不久，非常关心放牧人的生活。有一天他亲临牧区问苦，忽然传来一股幽香，远处有一位漂亮的女子手执火种飘然而来。尧王惊呆了，问牧民才知是鹿仙女，从此尧王食不甘味，一心惦记着仙女，决计下山寻仙。

尧王带领四个大臣访仙于晋南"仙洞沟"，久觅不得。忽见一只俏丽的梅花鹿悠然从仙洞中走出来，尧王知是仙女，便迎上前去，正要接见时，一条大蟒突然蹿出，直逼尧王，尧王措手不及。只见鹿仙女已近跟前，用手一指，大蟒顿时颤抖不已，仓皇而逃。

尧王身材高大魁梧，相貌堂堂，仙女窈窕美丽动人，两人一见钟情，一段美好的神话佳缘从此结成。他们在仙洞完婚，一时祥云缭绕，百鸟和鸣。到了傍晚，结鸾之时，一簇神火突降于洞顶，耀眼夺目，光彩照人。从此，世间也就有了把新娘的房子称作洞房，把新婚之夜称作洞房花烛夜的习俗了。

中国人成亲，有度蜜月的习俗。一般来说，婚后一个月为蜜月。在这一个月里，亲婚夫妇甜甜蜜蜜，好不幸福。那么，蜜月是如何来的呢？这里也流传着这样一个故事。

相传，黄帝定下了入洞房的规定之后，也有一些居民一时不习惯一夫一妻制的夫妻生活。据说，有一对狩猎能手，男的叫石磴，女的叫木苗。两人由双方家长说好婚配。举行婚礼后，双双送入洞房。生活了不到十天，石磴开始觉得整天只陪伴一个女的，有啥意思，还不如群婚好，喜欢哪个就陪哪个，一天可找两三个。木苗也觉得入了洞房不自在，整天陪着一个男人过，实在没乐趣，不如群婚自由自在，看上哪个男的就相爱几天，过几天不喜欢了再找别的男人，多自由。由于两人都产生了不愿过一夫一妻制生活的念头，有天晚上，趁着夜深人静，两人双双越墙，各自逃跑了。

石磴和木苗都逃进了大森林，一时找不见有人烟的地方，心越急，越找不到路，身上又没带狩猎工具，生怕野兽侵袭。天亮后，两人又渴又饿，不知不觉地又走到一起了。为了保存生命，两人只好相依为命，整天摘野果，采蘑菇充饥。因迷路，一时走不出大森林，真不知如何是好。现在，他俩才意识到，眼下谁也离不开谁。有一天，两人实在又渴又饿又累，双双躺在一棵大树下休息。一群蜜蜂在他俩头上嗡嗡盘旋。石礅折了一根树枝，左右乱打，驱散蜂群。不料蜜蜂发怒，把两人蜇得鼻青脸肿。石礅发现蜂群是从树缝里钻出来，于是他取出随身带的击火石，他叫木苗拾干柴，迅速点燃一堆大火。他俩从火堆里抽出火棍，朝着大树身上的裂缝，一个劲儿燃烧。刹那时，蜜蜂被烧了翅膀，再也飞不起来。火焰从树缝伸进去烧毁了蜂巢，蜂蜜从树缝渗流出来。开始，他们不知流出的是什么东西，只是闻着芳香扑鼻。石礅用手蘸了一点，放进嘴里用舌头一舔，非常香甜。他又叫木苗尝了一次，二人断定无毒，赶忙拾了一些树皮，把流出来的蜂蜜全都盛起来。两人只好整天在森林里采蘑菇，蘸蜂蜜充饥。就这样在大森林里度过了整整一个月，幸亏被黄帝手下的狩猎能手于则发现，才平安回来。

小两口在大森林里经过一个多月折腾，担惊受怕，整天提心吊胆，只怕野兽前来袭击。谁也不愿分开，谁也离不开谁，夫妻感情越来越深，才真正懂得了爱情的滋味。回到部落后，石礅和木苗再也没有分开，小两口从此建立起一个幸福家庭。这就是"度蜜月"的来历，度蜜月的风俗也一直流传至今。

"上头"与"开脸"都是传统婚姻必不可少的仪式。新娘在出嫁那天要梳妆打扮。第一道程序便是更改做姑娘的发式，表示从此不再是闺女了，俗称"上头"或"加冠笄"。上头由新娘的女性亲戚如伯母、婶娘等"好命婆"动手，通常是把头发挽成盘形的发髻，用纱网套上，再簪一根笄，插上金花玉珠之类。从前，女方上头后便不准落地走动，所以上花轿时须由大姊姐背着。上头时，"好命佬"、"好命婆"会一边梳一边说："一梳，梳到尾；二梳，白发齐眉；三梳，梳到儿孙满地。"在陕北，还流传着这样的《上头歌》："头一老木梳长，高缘贵娘；二一老木梳长，（张）家女跳过（李）家的墙；三一老木梳长，双双核桃双双枣，双双儿女满院跑。瓜子油香脆的，夫妻到老一辈子。"

随着时代的发展、演变，上头的时间一般在娶、嫁前三日或一日或当日举行，男更成年装束，女改妇人衣饰，既标志成年同时也标志可婚嫁。直到今天，"上头"还是作为女子出嫁前更改发型的专用仪式。此仪式还包括穿上婚服，梳洗，佩戴首饰等。上头多在黎明时举行，要铺席、焚香、燃烛。

上头后的第二道程序是开脸，亦称"绞面"、"开面"等，就是对新娘作面部修饰，包括用细线绞去脸上的汗毛，把眉毛修整得弯弯细细形如柳叶，梳理鬓角、涂脂抹粉等。具体操作时，由开脸的施行者使用一根细麻线，中间用一只手拉着，两端分别系在另一只手的拇指和食指上。或者中间用嘴咬着，两手套住两头，形成交叉的三角。麻线在被开脸的女子脸上绞动以除去汗毛。进行完毕之后，要用热鸡蛋在新娘的脸上滚动几圈，起安抚皮

▼迎亲队伍泥人

肤的作用。

关于开脸这一习俗，还流传着这样一个民间传说。相传，当年隋炀帝三下江南，专门让爪牙拦截民间娶亲的喜车，看谁家的新娘长得漂亮就强行夺走，吓得老百姓不敢再行迎亲之礼。正巧，有个聪明人要娶媳妇，新郎让媒婆先用细线把新娘脸上的汗毛绞净，再把眉毛修得弯弯的，再匀施脂粉。接着让新娘坐在朱红描金的台阁上，请一班闹社火的吹吹打打，左右护卫。官兵迎头拦住盘问，新郎不慌不忙地说："我们在出庙会，没看见抬着城隍娘娘吗？"官兵仔细端详，这娘娘脸盘光洁得连根汗毛都看不见，果然不同凡人，于是拱手放行。这以后，大家都跟着学样，日子一久，便形成了初嫁开脸的习俗。

女人一生只开脸一次，作为嫁人的标志，往后倘有离婚改嫁等变故就不再开脸了。有的地方开脸之前，主家要煮"开脸饺"分赠亲友邻居，表示吉祥。也有开脸时要唱开脸歌，预祝新娘生育。古代女子开脸，是在上头前三日进行。近代则有在婚礼前与上头同时进行的，也有在结婚当天下午或晚上进行的，还有在婚后第二天清晨或上午进行的。不过都是由父母儿女齐全的全福人或新娘的妯娌开面。

『压床』和『压轿』

"压床"也是传统婚俗中的又一个不可忽略的步骤。这种风俗规定，在新婚的第一夜，除新郎、新娘外还要有一两个弟弟同睡在新床上，也叫作"压床板"。有些地方将"压床板"当作一种相当严肃而慎重的习俗，因为压床板预示着吉庆，预示着福气，预示着阳刚健康，预示着"子孙满床"。所以，在压床人的选择上非常讲究。首先，一定要选择年龄小于新郎的同辈男性，最好是新郎的亲弟，或者是新郎的堂弟、表弟，也可是新郎的好朋友。其次，压床人必须是一个健全的未婚者，年龄当然越小越好，最适当的年龄当选在五六岁的年纪，既懂点事又不懂事，既觉好玩又觉荣耀，既能起到压床的作用又不耽误新郎、新娘的好事。

据民间传说，新婚之床往往有灵气攀附，未受启蒙而处在混沌状态的男性儿童则保持原始的阳刚之气，能够镇邪压惊，所以邀请压床人所起的首要作用则在于此。再则，健康男童有吉祥之气，能够保证新郎、新娘吉祥，并能起到延续后代，多生贵子的作用。又因为传说新婚床板上灵气能祛百病，专治腰疼腿痛，驼背弓脊，所以更有年轻男女在新婚之夜争相在新床上躺上一躺。

小弟压床，难免尿床。民俗认为"尿半床，是吉祥；尿一床，更兴旺"。为了更兴旺，新婚男女就将压床者放在床中间的位置，才能使小弟"尿一床"而不是"尿半床"。有的地方则认为压床者越多越好，以至于新郎在新婚之夜无处安身。

也有很多地方，是在新郎、新娘的喜床铺好后，即把一两个男孩放在床上逗着乱滚，俗称"滚喜床"，以期新床上早日出生胖小子。从喜床铺好之日起，一个月内不能空床，即使新郎、新娘外出，家里也要有其他人去住，民间也把这一习俗谓之"压床"，寓意"人丁兴旺"。

"压轿"也称押轿，也是流传已久的婚姻礼仪。古时成亲要坐轿子，去女方迎亲，男方一般要准备两顶轿子：一顶花轿抬新娘，一顶呢轿新郎自乘。去时，花轿空着被认为不吉利，为了不空轿，一般要选父母双全的

▼婚床

男孩儿一至两名与新郎分乘于花轿和呢轿内，称为压轿。

现在新娘结婚一般都是用小轿车，然而压轿习俗依然流行。在南海婚俗当中便有"压轿娃"的称呼。这是当地婚俗中一项重要的内容。娃，即指男孩，指活动的主体必须是男孩。压轿，指的是将娶新娘的轿子"压住"，不让新娘下轿。当新娘被娶到新郎家门口，准备下轿时，压轿娃便锁住车门，接新娘的人便将准备好的红包塞给压轿娃，直到压轿娃感到所给红包中的钱数满意，才让新娘下轿。当一回压轿娃，是当地每个男孩的期望。因为它不仅有能使小孩子感到满意的收入，也使男孩子有很大的心灵满足。

哭嫁的习俗

　　新娘出嫁，是人生的最大喜事，本应欢乐，但在湛江的农村等地却流行一种古老特殊的风俗——"哭嫁"，以东海岛最出名，叫"东海嫁"。"哭嫁"是新娘出嫁时作为告别的哭唱仪式。旧时农村女子的婚姻多由父母包办，嫁人之后，命运难卜，面对旧势力又无法摆脱，便用"哭"来诉苦和反抗，久而久之，成了婚嫁的一种习俗，世代相传。过去哭嫁在湛江农村很盛行，吴川、徐闻、雷州、湛江市郊区各地都有，今仍有流传。姑娘出嫁前数天躲在闺房内，与女友唱哭嫁歌，有说有唱，唱到情深之处，痛哭不止。哭嫁歌开头四句一定要含有佳意，以后怎样哭唱不论。概括起来，一哭自己、二哭父母、三哭兄弟、四哭婶嫂、五哭姐妹，传说可给被哭者带来好运。哭嫁歌有一定的格式和韵律，如今发展成了湛江红土民间艺术的一朵奇葩，有的还被赋予新的思想内容，在民间传唱。

　　关于哭嫁的传统，还有一个有趣的说法。古时候，新娘在出嫁前几天要"哭嫁"，连母亲、亲属都陪着一起哭，而且哭得越伤心越好。原来背后有一段故事：从前有一个后母，对丈夫前妻的女儿很刻薄，待亲生女儿却如珠如宝。为了除去眼中钉，她草草找来一个穷家小伙子把前妻的女儿嫁出去，还在出嫁当天故意哭哭啼啼，叫女儿即使生活不顺也不可回娘

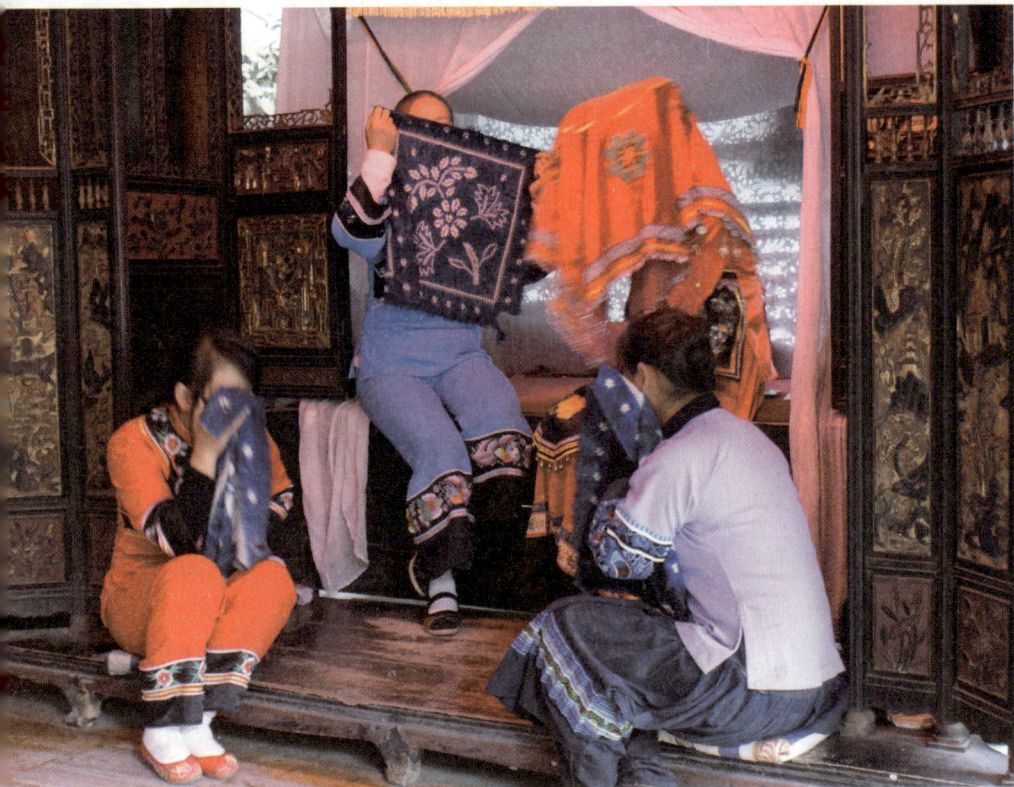

▲哭嫁

家。结果这个女儿与夫家和睦相处，生了儿子也发了财。

相反她为亲生女儿千挑万选找了个富家子做女婿，送了嫁妆，喜笑颜开地说尽吉利话把女儿嫁出。但亲生女儿却终日和婆婆吵嘴，闹得家里鸡犬不宁，丈夫便把她赶出家门，她一气之下上吊死了。后来，前妻的女儿见后母孤苦无依，便接她一起生活，让她安享晚年。邻人都说后母在她出嫁时故意哭啼是坏心肠，但她却说后母是舍不得她走才哭，而且越哭越发。人们看到两种方式得出两个截然不同的结果，便照着在女儿出嫁时也哭闹一下，希望真的可以越哭越发，哭嫁的习俗便这样流传下来。

哭嫁习俗还在很多少数民族中流传，比如土家、苗家的一些山寨，至今还保留着这样的传统习俗。女儿出嫁时一定要会哭，哭得动听，哭得感人的姑娘，人称聪明伶俐的好媳妇。哭嫁有专门的"哭嫁歌"，土家姑娘从十二三岁开始学习哭嫁。过去，不哭的姑娘不准出嫁。新娘一般在婚前一个月开始哭嫁，也有在出嫁前两三天或前一天开始哭的。娘家人边为她置办嫁妆，边倾诉离别之情。会哭的姑娘一个月内不哭重复，要哭祖先、哭爹妈、哭兄嫂、哭姐妹、哭媒人、哭自己。哭的形式是以歌代哭，以哭伴歌。歌词有传统模式的，也有聪明姑娘触景生情的即兴创作。土家姑娘用"哭"这一形式倾诉心中的情感，当然，也有真伤心而哭的，多半是狠心的媒婆乱点鸳鸯谱，害了姑娘的一生。

哭嫁的高潮是在新娘出嫁的日子。在出嫁的前一天，亲朋乡邻都前来祝贺和哭别。新娘家要邀请新娘九位最好的未婚女伴，陪着新娘哭，叫"十姊妹会"。这九位姑娘是陪哭的重要角色，因此无论她们家住远近，无论风雨阴晴，新娘家均要打轿派人去接。十姐妹聚齐后，新娘家将两张八仙桌拼在一起，摆在堂屋中间，比新娘年长的坐上方，与新娘年龄一般大的姑娘坐两旁，新娘坐在姑娘们中间。哭的内容主要是叙述姐妹友情，也有鼓励、劝慰的话语。哭到半夜，新娘家里摆上夜宵让十姐妹吃，新娘以此为题还要哭一段，以感谢九姐妹的相陪。

哭嫁是土家人婚礼的序曲，他们认为"不哭不热闹，不哭不好看"。亲朋好友前来送别，哭是一种友好，哭是一种礼貌。现在的新娘虽然未必相信这个习俗，但想起要离开娘家，也会有因为舍不得父母而于大婚日哭起来。

花轿与凤冠霞帔的传说

古时女子出嫁，都要坐花轿，穿霞帔，戴凤冠，喜气洋洋，好不热闹。关于民间女子坐花轿、着凤冠霞帔的习俗，还有一个传说呢。

在北宋年间的一个秋天，浙江东南沿海的明州（现在的宁波）正是收割晚稻的繁忙季节。一天中午，一个农家姑娘正在晒场上翻晒谷子。突然一个二十来岁的男子，衣冠不整，慌慌张张跑了过来，气吁吁地说："金兵……快救我……"这时，远处尘土飞扬，隐约看见有大队人马飞驰而来。当时，四周一片空地，无处可以藏身，眼看这个青年就要遭难。农家姑娘急中生智，忙叫青年蹲下，拿起旁边的竹箩，罩住他的身子，解下自己身上的布兰（南方妇女用蓝布做的围裙）盖在箩筐上，就这样她若无其事地继续翻晒稻谷。不一会儿，金兵追到，问姑娘，是否看到一个青年男子过去？她从容不迫地答道："看见有一个人匆匆忙忙往南去了。"金兵不相信，可看看周围空空如也，待了一会儿，就骑马走了。过了一会儿，姑娘见金兵远去，掀起竹箩，叫醒被吓昏了的青年，见他面有饥色，一问，才知他已几天没有吃东西了。姑娘就将自己的中饭给他吃了，又拿来她父亲的破旧衣服帮他换上，叫他赶紧逃走。这个人也来不及问姑娘姓名，就急匆匆往东逃走了。

原来，这个青年不是别人，而是宋高宗康王赵

▲花轿

构。1126年，金兵大举入侵中原。1128年初，金兵在攻打扬州时，宋高宗仓皇出逃，先渡过长江到镇江，同年九月又逃到临安（今杭州），在风声鹤唳中逃到明州。脱险后，逃到了舟山岛定海。

1137年，宋高宗赵构派王伦向金朝求和。1138年，高宗回到临安，遂暂定临安为南宋的都城，又过起了锦衣玉食的日子。有一天，他猛然想起逃难时吃过的蟹酱、咸菜，味道鲜美，又想到救他的姑娘，为报救驾之恩，有意将姑娘召入后宫。但在匆忙之中，没有问她姓名，只记得姑娘身上有一方布兰，就下诏书叫地方官员查找布兰姑娘。地方官员接到诏书，那民女无名无姓到何处去找？如找不到，交不了差，怎么办？只好出了一张布告："谁是布兰姑娘，就在自己门口挂出布兰。"因为浙东农村妇女人人都有这种布兰围裙，第二天差役去查看，户户都挂出了布兰，弄不清谁是真的布兰姑娘。地方官无法可想，只好据实上报朝廷。赵构为了褒扬救命民女，又下了一道诏书："浙东女子都封'后'，出嫁时可用皇家的銮驾。"

从此以后，浙东女子出嫁时就可以穿戴凤冠、霞帔，坐雕龙描凤的、金灿灿的大花轿了，后来其他地方也学了样，这个风俗又逐渐在民间流传开来。

中国人的婚礼，崇尚喜气洋洋，热热闹闹，从婚礼所必贴的红双喜便可看出来。从古至今，结婚时，都要在洞房内贴红双喜字。红双喜字由两个喜字并连而成，形为"囍"，用红纸剪成，有正方形、长方形和圆形等，剪成哪一种，完全凭个人爱好。洞房墙壁正中要贴一大红双喜字，窗棂、房门、家具等则贴上小红双喜字。大小红双喜字在红烛的映照下，红光闪闪，增添了洞房内火红、热闹、吉庆的气氛。红双喜字算不上正式的汉字，只是由汉字"喜"变形而成的一种吉祥图符。这一代表吉祥的红双喜是怎么来的呢？这里还有一则与王安石有关的典故。

庆历二年（1042年），20岁的王安石赴京赶考。这日，到了江宁的马家镇。该镇马员外正在征联择婿。马员外之女不仅俊秀，而且自幼熟读四书五经，琴棋书画无所不通。马员外视女儿为掌上明珠，依女意以联择婿。即是门上所挂两盏走马灯，一盏上书：走马灯，灯走马，灯熄马停步。王安石想，如有时间，一定要会会这位才女。可惜没有时间耽搁，只好继续赶路。

王安石会试时，第一个交卷。主考官是欧阳修，见王安石少年英俊，心中欢喜，便问："答得如何？"王安石道："学生自认尚可。"欧阳修一指厅外的飞虎旗道：飞虎旗，旗飞虎，旗卷虎藏身。

王安石与『红双喜』

王安石知是主考官出联，转念一想，不由心中"呀"了一下，答道：走马灯，灯走马，灯熄马停步。欧阳修一听，好对，大喜，赞道："尔真乃才思敏捷也。"

王安石心中暗想：那才女是吾之贤助也。拜别主考官，王安石急忙赶回馆驿，叫上书童，收拾东西，日夜兼程，赶往江宁马家镇。王安石二人到了马家镇，急忙赶到马府门前，但见两只大灯笼依然挂在门前。一个有字，一个仍是空白。王安石大喜过望，急忙抢上前来。看见两个家人站立门旁，面前有一案，案上笔墨纸砚齐备。王安石拿起笔来，一挥而就。一个家人懒洋洋拿起，送入大堂。

马家小姐接过对句，展开一看，书法刚劲有力，一派大家风范。小姐看着看着，说道："让我等得好苦。"不久，王马两家结为亲家，王家聘书、聘礼送到。马府张灯结彩，锣鼓震天。合家上下，喜气洋洋。正在此时，又有飞报传来，王安石为钦定第四名进士。马家大院顿时一片欢腾，鞭炮齐鸣，锣鼓喧天。马、王两家一日之内，竟是双喜临门。王安石喜不自禁，抓起笔来，在红纸上大书连体喜字，贴在门上，又赋诗一首："巧对联成双喜歌，走马飞虎结丝罗。洞房花烛题金榜，小登科遇大登科。"

这就是后来中国人在办婚事时，到处张贴大红双喜的由来。从此，人们逢有新婚吉庆时，不仅要在门户、窗牖、厅堂内贴上红纸的双喜字，连棉被、枕头上也要绣上红双喜，让喜气冲天，弥漫整个新房，以得吉祥如意的彩头。

沿海婚俗特色

福建客家人的『吵嫁』婚俗

在福建沿海的客家人中，长期以来就流行着一种奇异的婚俗——"吵嫁"。"吵嫁"场面妙趣横生，颇富戏剧性。这种婚礼从迎亲、酒宴到礼仪等各个程序，女方族人都要横挑鼻子竖挑眼，找一些不相干的理由为难。

"吵嫁"婚俗在迎亲那天夜里的女方家中进行。黄昏时候，男方的迎亲队伍来到女方家中，不但无人接待，坐冷板凳，反而不管来迟来早，有错没错，女方亲人都要故意"找碴"，大声"斥责"男方诸多不是。比如来早了，女方亲人就嘲讽迎亲人："那么早来洗菜帮厨吗？"来迟了，则说："现在才来，要吃剩菜啊？"看到刚抬送来的猪头，说："这么小的猪头也敢拿来吗？真是的，抬回去，换个大的来。"急得迎亲人一个劲儿地道歉赔理，领受着各种奚落揶揄，还要满脸堆笑向女方亲人敬烟求情，不敢有半点动怒。

晚宴后，宾客散去，女方亲人又在茶桌上与迎亲人吵开了，什么聘金太少啦，什么光洋数量不够啦，什么猪肉太肥啦，什么轿菜不够啦等，总之要数落得男方人一无是处，硬要逼着男方的迎亲人回家补来，吵到高潮处甚至拍桌板点指头，剑拔弩张，沸沸扬扬，仿佛真要打起架来。同时，迎亲人还要到闺房中送上轿礼给新娘，新娘的女伴便将上轿礼当场拆看，不管多少，反正是嫌太少，于是又展开吵闹，新娘以不去男家相要挟，逼得男方人把上轿礼钱加到新娘满意为止。

如果迎亲的队伍敢于反唇相讥，那就等于是火上浇油，这吵架就进入了高潮，几乎吵得翻了天，屋顶都要被吵翻了。闹到一定程度，女方长辈会高喊一声："吉时已到，新娘可以上路了。"这时争吵双方才会偃旗息鼓，转怒为喜，握手言和，互致敬意，好像什么事也没有发生过一样。

"吵嫁"的双方由一人为主，五六人助战，至少要吵上一两个小时。当地风俗认为，有了热热闹闹的争吵，婚后男家就会人丁兴旺，富贵双全，夫妻恩爱，白头偕老。如果没有"吵嫁"，万一婚后家庭不和或有不测之事，则会归咎到出嫁时没有"吵嫁"。直到今天，这种奇异风俗仍还保存着。

海南苗族的『咬手』定情

"咬手"是海南苗族男女青年表达爱情的一种独特方式。"伸手给哥咬个印，越咬越见妹情深，青山不老存痕迹，见那牙痕如见人。"这是流传在海南省苗族的一首歌谣。

每逢节假日，特别是三月初三，在槟榔树下，芒果林中，小河溪边，山坡草地上，青年男女唱起美妙而动听的歌曲，抒发自己的理想、情趣和心愿，寻求自己的意中人。随后，小伙子拿起弓箭、鱼叉到河溪里抓鱼，姑娘们在溪边烤筒饭和煮鱼，直到太阳落山才散去。如果小伙子相中心爱的姑娘，晚上便用口弓、鼻箫、树叶吹着婉转动听的曲调，来到姑娘的"隆闺"（女青年自住的茅房）外唱开门歌。如果姑娘不唱闭门歌，便会开门走出来，他们一起到草地上或竹林里点燃篝火对歌跳舞，互表爱慕之情。这时，姑娘听了小伙子的求爱后，便羞答答地拉起小伙子的手咬一口，如果咬得很轻，而且很有礼貌，小伙子便明白姑娘是表示拒绝或暗示自己有了意中人；如果姑娘咬得很重，甚至咬出血印，则表示姑娘对他十分倾心，愿意接受小伙子的爱。"咬手"定情后，他们便各自拿出最心爱的手信，如戒指、耳环、竹笠、腰篓之类的礼品，互相赠送，作为定情物，以示终身相伴。

『不落夫家』的惠安新娘

惠安沿海一些地方曾流行过一种奇特的婚俗，妇女出嫁三天后即回娘家长住，只有过年过节及农忙时到夫家住一两天，直到怀孕了方可长住夫家。住娘家的时间至少有两三年，最长达20年以上，五六年、七八年的司空见惯。长住娘家的媳妇俗称为"不欠债的"，住夫家的称"欠债的"。她们每年到夫家不下十次，每次不超过三日，回夫家时多半要用块布遮着脸，到晚上熄灯后才能去掉，第二天天亮又得跑回家。怀孕生子时不能在娘家生，必须在夜间赶到夫家生产，因此常生子于路上。由于妻子很少到夫家，到夫家又多于夜间，且多用布遮脸，所以常出现夫妻多年可互不认识的怪事。

传说，惠安某乡张某结婚已6年，其妻回家总共不到9天，且多在夜间回家，彼此互不认识。一次张某上

▲惠安民俗

街买葡萄，而卖者恰好是其妻，因两人互不认识，还讨价还价，争得面红耳赤。还有一个姓蔡的结婚多年，想买些妇女装饰品送给妻子。卖装饰品的妇女正是其妻，他不认得她，而细心的她认出了他，她不收他的钱。他感到非常奇怪，回到家里说了这件事，人家都笑他。后来他才知道，自己是在向妻子买首饰送给妻子。此事便被当成笑料传开。

在这种奇特婚俗下，即使夫妻感情不错的，也不能表现出亲密，否则会被娘家的女伴讥笑。这种长住娘家的婚俗，自不是惠安一地独有，其他地方如广东、贵州也有过。在广东称"不落家"，在贵州称"坐家"。惠安女长住娘家大都遵守一夫一妻制，不搞婚外恋，这可说是惠安女长住娘家的一大特色。

这种奇特婚俗在壮、彝、苗、毛南、景颇、普米等民族的部分地区也存在过。只是新郎和新娘分居的时间和情况不尽相同罢了。比如，毛南族的人一般早婚，婚后新娘多数不落夫家，而在当日宴席散后便回娘家，只是农忙季节来老人家帮忙时才留宿数日，直到女子长成人，怀孕生育以后才正式与丈夫长期同居。有的民族还要求丈夫从妻居，有的三年，三年期间男子吃饭和劳动都在自己的父母家，只是晚上去岳父母家睡觉。三年期满并生育子女，还要再举行一次婚礼才把妻子接回男家长住，有的则终身生活在女家。这种"不落夫家"和随妻居的习俗，更多地表现了母系社会原始婚姻的遗俗。

疍民，是对在沿海港湾和内河上从事渔业及水上运输，并以船为家的水上居民的称呼。在中国的历史上，疍民是个特殊的群体，有的人类学家认为他们是古越族的后代，是中国古代最伟大的航海家。因为常年漂泊海上，他们又被称为"海上的吉卜赛人"。唐宋以来，这些水上居民分布在广东、浙江、海南、福建、广西等沿海地区。

据考证，在浙江新安江畔的海城，曾住着九姓渔户疍民，这九姓渔户的婚嫁风俗，可谓天下一奇。九姓渔户，是指陈、钱、林、袁、孙、叶、许、李、何九家。据说，元末明初，他们的祖先原都是陈友谅的部将，由于战败，被明太祖朱元璋贬为"渔户贱民"，规定只准以船为家，不得在岸上落户，也不得与岸上人通婚。甚至到岸上买东西，也必须赤脚，不准穿鞋。如果穿鞋上岸，被人告发，官府抓住了，就会被砍掉双足。一直到清朝同治五年（1866年），乾廷才让九姓渔户"改贱从良"。长期以来特殊的生活方式使得九姓渔户的婚嫁风俗也与众不同。他们的婚嫁是在水上举行。迎娶那天，男女双方都把自己的船只披红挂绿，装扮得非常漂亮。两船之间保持三尺左右距离，婚礼自始至终都是在船上进行。

新娘出嫁的头天晚上，男女双方的船头，各悬一面大铜锣，双方互相配合，一轮一轮地敲十三下，一

疍民的抛新娘婚俗

▲红双喜剪纸

直敲到天亮。新娘在锣声中同亲人话别。浩瀚的水面，点点的渔火，喤喤的锣声，窃窃的私语，形成一幅别具一格的水上婚嫁图。

新娘在出嫁前，还有一个有趣的仪式，叫"训女婿"。仪式开始，岳母站在船头，高呼女婿的名字，教训他婚后不准欺侮妻子，要夫妻和睦。女婿一听到，就要很快地跳过船去，双膝下跪，回答说："听岳母吩咐，一定记住！"说完之后，要很快地逃走，如果动作慢，被女方亲友拉住，就会受到大家的嘲弄，并被罚香烟、糖果等物。

　　由女方的船到男方的船，中间有三尺水面距离，新娘子要过去，有两种非常有趣的方式：一种是用一只大木盆，让新娘坐在上面浮过去；更多的是采用 "抛新娘"的办法。"抛新娘"是一种惊险动作，稍有不慎，抛的人和新娘子会一块落水，所以事先要用安全带把抛的人系住，以防万一。

　　"抛新娘"开始，女方的船要放三声炮，第一声叫 "招呼炮"，请男方的船做好接新娘的准备；第二声叫 " 动手炮"，抛新娘开始；第三声叫 "结束炮"，表示仪式结束。这时，男方船上也放两声炮，一声叫"进门炮"，一声叫"胜利炮"。

　　新娘抛过船后，还要"爬船篷"。男方在船头接了新娘后，因为洞房门是在船尾，所以新郎、新娘都要双双爬上船篷背，到了船尾下来，才能进入洞房。至此，整个婚礼就算完成了。

过门的时候『砍新娘』

传统婚俗中，不仅有对新郎的百般刁难，新娘子也要面临各种各样的"磨难"。比如，在迎娶新娘的时候，很多地方都有饿新娘的婚俗，也叫"扣茶饭"或者"饿嫁"。这是旧时婚礼中约束新娘的礼节之一。原因是在婚礼正日，新娘从清晨上头梳妆开始，直到闹房结束为止，都不许上厕所，以防乱了阴阳。因此，将要出嫁的女子必须节制饮食，早做防范准备。一般从婚礼前数日起，就只进食含水量少、不易消化且含蛋白质多的食物。在有些地方还有饿新娘的习俗。

除了饿新娘，某些地方还有打新娘的习俗。所以，新娘上轿到男家时，无论冬夏，必须穿着棉袄。每当炎夏，暑气逼人，乡村交通又不方便，行程颇久，轿中新娘受闷热之苦，如同受刑般，即使这样也要穿着棉袄。这是为什么呢？因为新娘下轿与新郎拜祖宗天地后，新娘的脚是不能落地的，要由其长辈伯叔背负而行。这时，亲朋邻里，不论长幼，都可以任意以木棒击打新娘的背，所以新娘必须要穿棉袄，以抗御打击。

在广西沿海某些地方的婚礼上，有新郎挥刀砍新娘的习俗。迎亲队伍把新娘迎到新郎家门口，新娘正迈进彩门，只见新郎"哗"地抽出大刀，划了个圆圈，等新娘跨进彩门，他左三刀、右三刀，向彩门

"狠狠"砍去。新娘钻进彩门，新郎收起大刀跟了进去。当新娘刚向前跨出两步，小伙子又挥起大刀，垂直举向空中，然后朝新娘脑后砍去。新娘故作慌张，小跑起来，新郎也跑步在后边追着。等到新娘进了堂屋，小伙子才停止砍杀，收起砍刀。这时，他们俩才双双拜堂。

为什么会有这样的习俗呢？相传古时有一对男女青年在深山里采野菜，不期而遇，两人一见钟情。小伙子跟在姑娘后面吹葫芦萧，吹了八八六十四天，终于吹动了姑娘的心。于是，姑娘准许他与自己一道烤火，一道采野菜。又过了六六三十六天，姑娘与小伙子欢欢喜喜地回家完婚。谁料到，他们美满的爱情让恶魔妒忌，他让小伙子的房门前长满了让人难以迈步的蒿草，小伙子举起长刀，砍尽蒿草。他砍来竹子，扎个彩门，表示自己的爱情像金竹一样万古长青。但就在他们进入新房时，新娘突然倒地。山神告诉新郎，这是恶魔作祟。新郎一听，气得挥起长刀，跳到院里乱砍乱杀，但砍了三天，仍未能将新娘救过来。山神说早在进门时，就该用刀驱邪，如今晚了。于是，后来的人们为了使自己婚姻美满幸福，结婚时都要扎彩门，进行新郎欲砍新娘的仪式，以求安稳、幸福的生活。

新媳妇下厨巧『试鼎』

新娘经过这一番"磨难"之后，终于进了新郎家的门，但不要以为就此可以安心了。传统婚俗中，不仅有考新郎的习俗，也有针对新娘的考验。在我国南方沿海的有些地方，新娘入门之后，有个"下灶前"风俗。即新娘到厨房，扎挂围裙，先烧柴火，后煮鸡蛋，伴房妈口唱：新人下灶前，家产层层"咸"(高)……这是一种示范性的仪式，新娘仅仅做个动作。

到了第二日，也有在三五日后的，新娘要下厨房做饭做菜，叫"试鼎"。所谓"试鼎"，就是对新娘的煮饭、炒菜、煎汤、炖鱼等烹调技艺来个"考试"。这时，母婆、婶婆、姑婆等亲戚长辈都来围观，可以提议这道菜怎么煮、怎么焖、怎么炊等；可以从持刀切菜，剖鱼削肉到油盐糖酱等使用，进行考察和出题做菜。一般都含有辅导性，以期煮得好，炒得香。如果有一两位亲戚长辈故意出题，新娘就应有自己主见，不能听凭别人随便说的，免出差错。但作为新娘不便应嘴，还是采取"说的归说的"，而试厨技艺要有自己的本色。要是人家查问，便说"先试试口味，下次再按你的吩咐办"，或平和谦虚地应声"先吃吃看，以后再依你说的做菜"，避免"顶牛"，节外生枝。

试鼎一般要试煮豆腐，佐以牡蛎、蒜。豆腐汤煮沸后，要调入稀淡的番薯粉，这一步非常关键。入粉太多，会把豆腐汤凝成块状；入粉太少，豆腐汤不能形成羹状。新娘应沉着试鼎，免得慌张，造成咸酸苦辣甜五味失调。农家重视豆腐，好兆头；牡蛎，俗称"蛎仔"，谐音"弟仔"(小孩子)；蒜，俗称"蒜仔"，谐音"孙仔"(孙子)等，这是喜家所欲的追求和期望。经过饿新娘、打新娘、考新娘之后，新娘子一颗悬着的心才可以落下。

借炊具办喜事的婚俗

浙江沿海的婚嫁，至今还普遍流传着一种特异的借炊具办酒席的婚俗，当地将这一仪式称为"借镬"。所谓"借镬"意为男方借女方炊具办酒席。据说过去是男方带厨师去的，叫"大赤郎"。大赤郎进行"借镬"仪式后，自己动手烧菜。"小赤郎"则专门对歌。

"借镬"仪式在妇家举行，于婚期的头一天，新郎和赤郎送喜酒来到新娘家，女方不但要高高兴兴地吃一餐男方的喜酒，而且还要对赤郎（男家接亲人）进行一次富有风趣的考核，也叫"考赤郎"或"赤郎开灶"。开始，赤郎手捧一个桶盘，盘中点燃一对蜡烛，放一包索面、一块猪肉、一双绑腿布，恭恭敬敬立在灶前，新娘的姐妹或嫂嫂立在灶后，长辈和亲友邻居旁观。

大家都静听吟"借镬歌"，尤其是长辈更认真，要听赤郎吟的是否通理。若是吟得通理，礼俗又周到，立在灶后的新娘姐妹和嫂嫂即接应，同时把桶盘接过去，厨师即刻拿出烹饪工具、餐具，帮助烧煮。否则，故意不动手。有的虽然平时很面熟，但因"娶亲"，人熟礼不熟，亦必须按礼俗办事，人人有权故意作弄，从中取乐。

赤郎先生在灶前恭恭敬敬行过三次作揖礼，然后吟"借镬歌"。借镬词一般不固定，是即兴吟唱的，各地也有不同。一般都是先谦虚一番，然后再用吉祥的比喻词来唱歌借物。赤郎吟完第一遍，紧接着吟第二遍，每遍吟完必须恭敬行礼。吟两遍所谓好事凑双。主要歌词如下：各处各乡风，各礼礼俗不相同，原先传落古人礼，古礼借镬是应当。古礼先在，浅学赤郎，多在山林，少见书堂，口源来短，礼难周全，错吟莫怪，多多见谅。

唱毕，赤郎又唱：

四四方方一并墙（灶），中央开出大龙潭（大锅），铜镜双双对月光（锅盖），金鸡洗浴海中央（木榴），三脚落地火焰山（风炉），二耳朝天喜洋洋（二耳锅），青龙引泉茗茶香（茶壶），仙女点香来洗坛（竹刷），鲤鱼扳白凑成双（菜刀），凤凰穿腰五味香（锅锹），四方落木四角方（切菜板），黄龙载水东海上（水桶），丝网落海捞珍味（笊篱），九龙高山喷云雾（饭甑），金童举掌开火路（火铣），玉女吹箫笑眯眯（火筒），锡将军、坐木台（酒壶）、五龙载水落凡来（斟酒），江西兰花金玉盏（碗、杯），象牙银钗成双对（筷）。灶前借到出中堂，漆桌交椅摆中央，八仙过海同案坐，六亲九眷尽成行。又借一对光明树（蜡烛），千年常在好安宿（床铺），请个阿姨（指新娘的姐妹）帮烧火，请个妗姆（指新娘的嫂嫂）帮煮饭。阿姨妗姆，借镬礼俗到没到！

姑娘们挤在人群中，故意推来撞去，想使赤郎吟错或遗漏掉借镬歌词。赤郎若是怕羞，将被弄得面红耳赤，老是吟不到头。如果吟错或遗漏，都不能算数，缺吟一句即少借一物。如果灶后新娘的姐妹和嫂嫂没有接应，不接去桶盘，赤郎还需要继续吟第三遍，甚至五遍六遍。最后，在旁的长辈同意，才算"礼俗周到"。并接去桶盘，赤郎随后把盘中的一块猪肉放入锅内，而且要快速盖上锅盖，不然在旁的姑娘们随时随地将会撒来纸屑或砻糠等。如果锅内被撒进什物，无论多少次数，都要赤郎洗净。另外，赤郎在灶前生火，姑娘们故意把柴淋湿，赤郎即使火烟熏出眼泪也得把火烧旺才行。

借镬充满着欢乐和风趣，具有畲族婚礼的独特风格。为什么要借镬，其来历很早。

传说，畲族始祖三公主的女儿与钟智深结婚。三公主的女儿名叫爱莲，人才出众，聪敏伶俐。因钟智深是外族异姓，不知道畲家的习俗。当他备酒前来迎亲时，爱莲就趁此婚庆之时，考一下钟智深的才能，看他是否懂得畲家的礼俗和人情世故。于是爱莲只用酒款待，席上不陈一物，必等钟一一指名而歌。钟智深见此景，亦即一一以歌回答，有一物即吟一物之歌。爱莲和之，其物即应声而出，二人对答如流，长辈和众人听之无不称赞和佩服。于是，此种仪式一直在畲家广泛流传。后来演变为在灶房中举行，由赤郎代替。直到现在，"借镬"还是普遍作为婚礼的主要仪式流传着。

抛绣球招亲

关于绣球，流传着一个美丽的传说。说的是在800多年前的靖西县旧州古镇下的一个小村庄里，居住着一户贫穷人家。贫穷人家的儿子阿弟爱上了邻村的姑娘阿秀。阿秀美丽漂亮、生性善良，也深深地爱上了诚实、勤劳、勇敢的阿弟。有一年春天，阿秀在一次赶圩时，被镇上一个有钱有势的恶少看上了。恶少要娶阿秀为妻，阿秀以死相胁，坚决不从。当恶少得知阿秀深深地爱上邻村的阿弟时，为了让阿秀死心，恶少眼珠一转，计上心来。他贿赂官府，以"莫须有"的罪名将阿弟关进地牢，并判了死刑，等待秋后问斩。阿秀听到这个消息后，似晴天霹雳，整日以泪洗面，哭瞎了双眼。在阿秀哭瞎了双眼以后，阿秀开始为秋后就要被问斩的阿弟一针一线地缝制绣球。针扎破了手，血流在了绣球上，被血浸染以后，绣球上的花更艳了，叶更绿了，鸟更鲜活了。

经过九九八十一天，载满阿秀对阿弟深深的爱恋，浸透了阿秀鲜血的绣球做好了。阿秀变卖了自己的首饰，买通了狱卒，在家人的陪伴下，在阴暗潮湿的地牢里摸到日思夜想却已被折磨得骨瘦如柴的阿弟时，阿秀绝望了，摸索着从身上取出绣球戴在了阿弟的脖子上。这时，只见灵光一闪，阿秀、阿弟和家人便飘然落在远离恶魔的一处美丽富饶的山脚下。后来，阿秀和阿弟结婚了，生了一儿一女，他们靠着自已勤劳的双手，过上了幸福的生活。

一传十，十传百，慢慢地绣球就成了吉祥物和青年男女爱情的信物，后来也就有了抛绣球、狮子滚绣球等民间活动。每年春节、三月三、中秋节等传统佳节，黎族人民举行歌圩时，男女青年相邀聚集在地头、河畔，他们分成男女两方，拉开适当距离，引吭高歌，用歌声来表达问候和增进了解，歌词内容广泛，涉及理想、情操、农事等。对歌有问有答，丝丝入扣，声音此起彼落，娓娓动听，姑娘们情不自禁地拿起手中精致的绣球，向意中人抛去。小伙子眼疾手快，准确无误地接住绣球，欣赏一番后，又向姑娘抛回去。经过数次往返抛接，如果小伙子看上哪一位姑娘，就在绣球上系上自己的小礼物(例如银首饰或钱袋)，抛回馈赠女方，馈赠越重说明小伙子对姑娘情意越深。姑娘接住小伙子的礼物时，若收下，就说明她接受了小伙子的追求。这时，两人或继续对歌表达情意，或相约到僻静处聚会。

入赘婚，俗称"倒插门"、"上门婚"或"上门女婿"，在中国这样一个夫权社会，是很另类的一种婚姻形式。其特点是：男方到女方家入户，儿女生下来，也要姓女方家的姓。在汉族，"上门"被认为是不光彩的事，还会受社会歧视，万不得已，不会这样做。男人之所以选择这种方式，更多的是出于经济原因，家穷，掏不出彩礼，娶不起媳妇。还有就是心理原因，自家兄弟多，卖出去一个也无所谓。

入赘婚的起源可以追溯到战国时的秦王朝。当时齐国有个叫淳于髡的人曾做过齐国的上门女婿。到商鞅变法时期，秦国公开提倡：家贫子壮则出赘。这在当时不失为解决贫困家庭男子婚姻问题的有力措施。但是赘婚在当时的地位却是很低下的，秦始皇把赘婿与逃亡者及商人放在一起，最先派这些人去守卫边防。戍边在当时是一种很苦的差事，往往是半生都被抛到了边境上荒无人烟的地方。到了汉代，赘婿的地位之低，比秦王朝有过之而无不及，入赘的男子甚至于不能在官府中充当小吏。但不论赘婚的地位如何低下，总有一些生活贫困的男子在不得已的情况下走入这条摧眉折腰之路，因而历代妇女招赘男子的风俗一直都存在。

不过，在有些地方，入赘婚俗也是很正常的婚俗。比如，出嫁女子如无兄弟，男方必须来女方家入

上门女婿

赘，直至二老丧终；如有兄弟，男方也必须入赘两三年，因为在苗族人看来，女婿入赘是报恩，不能省免的。

上海等地，也都流行着寡妇招赘的婚俗。这些地区招赘的原因一般是因为公婆无人奉养，因此寡媳便招赘男子上门，承担起赡养老人的责任，当地把这种招赘婚叫作"赘夫进"。在上海等地流行一种寡妇招上门女婿的风俗，叫作"拜寡孀"。他们不举行正式的结婚仪式，而是在一种非正常的状态下完成结婚的过程。

招赘女家通常要派媒人到男家说媒，从妻居男子改与女家姓。自愿"入赘"的男青年，常常是家里兄弟过多，或对家庭所在的地区觉得不理想，有离开家乡的愿望。于是他们便千方百计走出家门，到处打听招婿之亲。当相好对象，觉得满意，便大胆地向女方坦露自己的心事，要求和她成亲，经双方同意，便可"入赘"。而女青年则是出自孝敬父母之心，立志留在家里供养父母，便串村走寨，先近后远，寻找称心如意的"上门郎"。但她们找寻对象的方式，就没有男子那样直爽，常常在农忙时节，走村帮工送殷勤，晚上对唱山歌。通过劳动和交往，观察男子的心愿和表现。一旦看中某个男子，便千方百计找寻机会聊天说情。一经男方同意，一年半载之后，则招之"入

▲绣球招亲

赘"。另一种是一些只有女子，没有男子的家庭，父母要求招婿上门，便出面为自己的女儿相好对象，派媒人上男家去说亲，经男女双方同意，即招之"入赘"。凡应招"入赘"的男青年，按惯例结婚时不收礼物，不备"嫁"妆，结婚所需一切，均由女方准备。

男子"出嫁"那天，家中一般都不举行婚礼，不摆宴席。但女方的婚礼却很隆重，所有的亲戚朋友，都要前来祝贺，必须杀鸡宰鸭，设宴招待。当晚，家中还大燃灯烛，请族中元老围桌商议，按本族姓氏和同辈男子的排行，给女婿改姓换名，女儿排为老几，女婿也排为老几；日后视为家中之子，同辈和他称兄道弟。即使他的年纪大于兄长，兄长也只能称之为弟，绝对禁忌"姐夫"、"妹夫"之称。以后，生儿育女，一律随母从姓。

在壮族，"入赘"后的男子，与汉族中的待遇不同，不论在家庭中或在社会上，都受人们的尊重。有能力、有威信的，群众可以推选他为村寨干部，享有和本地男子的同等地位。婚后如妻子过早去世，其本人有家产的继承权，并且家人必须给他另娶媳妇。壮族的这种风俗，虽然源流远古，但它却打破了"重男轻女"的恶习。凡在盛行"入赘"的地方，人们不论生男育女，都将其视为传宗接代的继承者和养老的可靠人。